Lektürehilfen

Neue Sachlichkeit

von Solvejg Müller

Klett Lerntraining

Dr. Solvejg Müller, Studiendirektorin mit den Fächern Deutsch, Philosophie und Psychologie an einem Weiterbildungskolleg in Neuss.

Die Seitenangaben zu den Textbeispielen der neusachlichen Literatur beziehen sich auf folgende Ausgaben:
Irmgard Keun, *Gilgi – eine von uns,* 3. Aufl. Berlin: Ullstein, 2006, und *Das kunstseidene Mädchen,* mit Materialien, ausgewählt von Jörg Ulrich Meyer-Bothling, Leipzig/Stuttgart/Düsseldorf: Ernst Klett Schulbuchverlag, 2007.
Hans Fallada, *Kleiner Mann – was nun?,* 58. Aufl. Reinbek bei Hamburg: Rowohlt, 2007.
Marieluise Fleißer, *Erzählungen,* Frankfurt a. M.: Suhrkamp, 2001, und Eine Zierde für den Verein, Frankfurt a. M.: Suhrkamp, 1975.
Erich Kästner, Fabian. *Die Geschichte eines Moralisten,* 24. Aufl. München: Deutscher Taschenbuch Verlag, 2008.

Bibliografische Information der Deutschen Bibliothek
Die Deutsche Bibliothek verzeichnet diese Publikation in der Deutschen Nationalbibliografie; detaillierte bibliografische Daten sind im Internet über http://dnb.ddb.de abrufbar

Auflage 5. 4. 3. 2. 1. | 2013 2012 2011 2010 2009
Die letzten Zahlen bezeichnen jeweils die Auflage und das Jahr des Druckes.
Alle Rechte vorbehalten.

„Das Werk und seine Teile sind urheberrechtlich geschützt. Jede Nutzung in anderen als den gesetzlich zugelassenen Fällen bedarf der vorherigen schriftlichen Einwilligung des Verlages. Hinweis
zu § 52 a UrhG: Weder das Werk noch seine Teile dürfen ohne eine solche Einwilligung eingescannt und in ein Netzwerk eingestellt werden. Dies gilt auch für Intranets von Schulen und sonstigen Bildungseinrichtungen."
Fotomechanische Wiedergabe nur mit Genehmigung des Verlages
Nicht in allen Fällen war es möglich, die Rechteinhaber der Texte ausfindig zu machen. Berechtigte Ansprüche werden selbstverständlich im Rahmen der üblichen Vereinbarungen abgegolten.

© Klett Lerntraining GmbH, Stuttgart 2009
Umschlagfoto: Corbis (Jefferson Hayman), Düsseldorf
Satz: DOPPELPUNKT, Stuttgart
Druck: Druck Partner Rübelmann GmbH, Hemsbach
Printed in Germany
ISBN: 978-3-12-923052-7

Inhalt

Neue Sachlichkeit – Kunst der Weimarer Republik 5

  Geschichte und Definition des Begriffs........................5
  Aspekte politischen, sozialen und
    kulturellen Wandels 1918–1933................................9
  Kontroverse um die Literatur der Neuen Sachlichkeit 22

Romane und Erzählungen der Neuen Sachlichkeit 24

  Überblick über Tendenzen in der Prosa 24
  Irmgard Keun: Die frühen Romane 27
  Hans Fallada, *Kleiner Mann – was nun?* 50
  Überblick über das frühe Werk Marieluise Fleißers 67
  Exemplarische Analyse einiger Erzählungen
    Marieluise Fleißers..74
  Fleißers einziger Roman: *Eine Zierde für den Verein* 92
  Erich Kästner, *Fabian. Die Geschichte eines Moralisten* 96
  Schlussbemerkung..123

Literaturhinweise 125

Prüfungsaufgaben und Lösungen 127

Realismus

Naturalismus

Expressionismus

Futurismus

Symbolismus

Dadaismus

Neue Sachlichkeit – Kunst der Weimarer Republik

Ein Teil der Werke von Malern, Schriftstellern, Fotografen, Architekten und Designern, die von den frühen Zwanzigerjahren bis zum Ende der Weimarer Republik 1933 gewirkt haben, werden in die künstlerische Strömung „Neue Sachlichkeit" eingeordnet. Wie bei allen Zuordnungen von künstlerischen Produkten zu einem Epochen- bzw. Stilbegriff, ist die Bestimmung der Kriterien nicht ganz eindeutig. Im Fall der Neuen Sachlichkeit trifft dies auch zu, denn hier haben sich die Künstler kaum zu einer Gruppe zusammengeschlossen. Dennoch lassen sich in ihren Werken und in ihren programmatischen Äußerungen Gemeinsamkeiten erkennen, die es erlauben, sie der sich verstärkt ab Mitte der Zwanzigerjahre herausbildenden Richtung der Neuen Sachlichkeit zuzuordnen.

Künstlerische Richtung der frühen Zwanzigerjahre bis 1933

Geschichte und Definition des Begriffs

> Es liegt in der Luft eine Sachlichkeit
> […]
> Fort mit Schnörkel, Stuck und Schaden!
> Glatt baut man die Hausfassaden.
> Nächstens baut man Häuser bloß
> Ganz und gar fassadenlos.
> Krempel sind wir überdrüssig.
> Viel zu viel ist überflüssig.

In diesem damals beliebten Titelsong der 1928 aufgeführten Revue „Es liegt in der Luft" (Text: Marcellus Schiffer, Musik: Mischa Spoliansky) wird deutlich, dass Begriff und Phänomen der Sachlichkeit weithin bekannt waren. Der Begriff und Aspekte der damit verbundenen

Alfred Döblin – Vorreiter neusachlicher Programmatik

künstlerischen Programmatik wird im literarischen Bereich von dem Schriftsteller Alfred Döblin *(Berlin Alexanderplatz)*, der auch als Arzt und Wissenschaftler tätig ist, vor dem Ersten Weltkrieg verwandt. Er fordert bereits eine sachliche Schreibweise, eine Orientierung an den Objekten und eine Abkehr von reiner Innerlichkeit („Berliner Programm", 1913). Doch richtig bekannt wird der Begriff „Neue Sachlichkeit" durch eine Kunstausstellung im Jahre 1925.

Verbreitung des Begriffs durch Kunstausstellung Mannheim 1925

In der Mannheimer Kunsthalle organisiert ab 1923 Gustav Friedrich Hartlaub eine Ausstellung mit dem Titel „Neue Sachlichkeit. Deutsche Malerei seit dem Expressionismus". Die Ausstellung, die u.a. Arbeiten von Otto Dix, George Grosz und Georg Scholz zeigt, wird zwei Jahre später eröffnet und in etlichen deutschen Städten gezeigt. Doch schon einige Jahre zuvor wird in der literarischen Szene darüber diskutiert, ob nun ein der modernen Zeit angemessener Stil gefunden werden muss, ein Stil, der sich von den pathetischen Formen des Expressionismus löst. So berichtet die Schriftstellerin Marieluise Fleißer, dass der Autor Lion Feuchtwanger schon 1922 ihre ganz frühen Erzählungen kritisiert habe:

> „Was ich ihm brachte, nannte er Expressionismus und Krampf. [...] Aber es komme jetzt eine ganz andere Richtung auf, die sachlich sei und knapp, in ihren Umrissen deutlich, daran müsse ich mich halten."

Suche nach angemessener Darstellung moderner Wirklichkeit

Auch Bertolt Brecht beeinflusst die Debatte maßgeblich. Doch der künstlerische Versuch, moderne Wirklichkeit angemessen darzustellen wie z.B. Prozesse der Industrialisierung, Bildung von Großstädten, soziale Problematik, geht zurück in das 19. Jahrhundert. Der Realismus dieses Jahrhunderts gilt als „alte" Sachlichkeit, von der sich die Künstler der Zwanzigerjahre abgrenzen wollen. Daher kommt der Begriff „Neue Sachlichkeit" auf.

Auch Strömungen nach dem Realismus des 19. Jahrhunderts wie Naturalismus und – zu Beginn des 20. Jahrhunderts – wie Futurismus und Expressionismus setzen sich mit Großstadterfahrungen auseinander.

Doch nun ändert sich der Stil. Sport, Reportagen, Filmsprache, bislang als „unkünstlerisch" geltende Themen und Ausdrucksformen, finden ab Mitte der Zwanzigerjahre in zunehmenden Maße Eingang in Kunst und Literatur. Literatur soll – ähnlich wie die Hausfassaden im eingangs zitierten Lied – „schnörkellos" und ungekünstelt sein. Von großem Einfluss sind die Reportagen des „rasenden Reporters" Egon Erwin Kisch. Wirklichkeit soll nüchtern dargestellt werden. Aktuelle Themen wie der rasante Wandel im Arbeitsbereich, in der Rolle der Frau, in Technik und Freizeitverhalten, in Inflation und Weltwirtschaftskrise sind die Stoffe der literarischen Werke der Neuen Sachlichkeit. Das Personal bilden Angestellte, Arbeitslose, Stenotypistinnen, Sportler – der „kleine Mann" zieht vermehrt ein in die Literatur. Kunst hat nun „Gebrauchswert", soll viele Menschen ansprechen, versteht sich als demokratisches Massenmedium. „Neue Sachlichkeit" richtet sich gegen ornamentale Künste wie den Jugendstil, gegen das Pathos des Expressionismus, gegen Innerlichkeit und Erforschung subjektiver Seelenlagen und gegen reine Poesie. Von Beginn des Jahrhunderts bis zur frühen Weimarer Republik war der Expressionismus neben Naturalismus und Symbolismus eine der vorherrschenden literarischen Richtungen. Zu expressionistischer Kunst gehören ein provokanter antibürgerlicher Gestus, die Suche nach Utopien und neuen Ausdrucksformen. Vor allem in der Lyrik (z.B. Trakl, Benn, Heym, Stadler, Stramm, van Hoddis) wird die übliche Sprache gesprengt und in experimenteller Form das innere Erleben des Orientierungsverlusts des modernen Menschen ausgedrückt. Auch die Künstler des Dadaismus verarbeiten die Orientierungslosigkeit der Moderne und provozieren um 1920 mit antibürgerlichem Witz in neuen, experimentellen Formen. Sie widmen sich schon den neuen Technologien wie Fotografie und Maschinen. Sachlichkeit als Einstellung bezieht sich auf den modernen Großstädter, der mit nüchternem Blick seine Umgebung registriert, der Pathos ablehnt, an keine großen Utopien glaubt. Walter Benjamin (1892–1940) verfasst

Neue Themen und Ausdrucksformen

Reportage als stilistisches Vorbild

Aktuelle Themen des Alltags „kleiner Leute"

Ablehnung expressionistischer Kunst

Sachlichkeit als nüchterne Haltung des Großstädters

Studien über den Typus des Flaneurs (*Einbahnstraße*, 1928), der durch die Stadt gehend nüchtern Alltagsphänomene analysiert, ohne sich einzumischen. Der Soziologe Siegfried Kracauer (1889–1966) erforscht urbanen Alltag, wie z. B. die Kultur der Angestellten. Bereits um 1900 führt der Philosoph Georg Simmel (1858–1918) in diesem Zusammenhang den Begriff der Sachlichkeit im Sinne einer schützenden Haltung gegenüber der großstädtischen Reizüberflutung ein.

Texte, die der Neuen Sachlichkeit zugeordnet werden, entstehen zunächst ab 1923. Die Weltwirtschaftskrise 1929 beendet diese Ausdrucksform nicht; im Gegenteil, ein großer Teil der Erzählungen und insbesondere Romane von Kästner, Keun, Fallada und Fleißer beziehen das Geschehen mit ein. Ab 1933 fällt die weitere Verbreitung neusachlicher Literatur wegen „undeutschen" Gedankenguts wie z. B. der Darstellung erotischer Freizügigkeiten und der Tendenz zur Kritik am Nationalsozialismus der Zensur zum Opfer. Ein großer Teil der Autoren emigriert, so dass auch in der Exilliteratur wie z. B. in Irmgard Keuns *Nach Mitternacht* neusachliche Elemente enthalten sind.

> Verbot der Kunst der Neuen Sachlichkeit durch NS-Zensur

Zusammenfassend sei auf die Studie *Neue Sachlichkeit* (2000) der Literaturwissenschaftlerin Sabina Becker hingewiesen, die fünfzehn Dimensionen neusachlicher literarischer Ästhetik nennt und ausführlich belegt:

> Dimensionen neusachlicher Ästhetik

– Antiexpressionismus
– „Neuer Naturalismus"
– Nüchternheit
– Präzisionsästhetik
– Realitätsbezug
– Reportagestil
– Beobachtung
– Antipsychologismus
– Neutralität/Objektivität
– Dokumentarismus
– Tatsachenpoetik
– Bericht
– Gebrauchswert

- Entsentimentalisierung
- Entindividualisierung

In den folgenden Kapiteln werden zunächst anhand der Strukturen neusachlicher Prosa im Allgemeinen und dann anhand der Werke von Keun, Fleißer, Fallada und Kästner einzelne dieser Dimensionen konkretisiert.

Aspekte politischen, sozialen und kulturellen Wandels 1918–1933

Politische und soziale Rahmenbedingungen

1918	Ende des Ersten Weltkriegs, Deutschland hat Kriegsschuld, Novemberrevolution, Auflösung der Monarchie, Wilhelm II. dankt ab, Einführung der Republik, allgemeines Wahlrecht für Frauen.
1919	Unterzeichnung des Versailler Friedensvertrags (Gebietsabtretungen, hohe Reparationsforderungen der Alliierten), Weimarer Nationalversammlung.
1920	Putschversuche von rechts, kommunistische Aufstände.
1923	Hitler-Putsch in München, Inflation, Einführung der Rentenmark, zunehmende Polarisierung rechter und linker Radikaler.
ab 1924	Stabilisierung der Wirtschaft, steigende Einkommen.
1929	„Schwarzer Freitag" (25. Oktober): Börsenkrach in New York, Beginn der Weltwirtschaftskrise, NSDAP erhält bei Reichtagswahlen 18,3 %, ist zweitstärkste Partei.
1933	Hindenburg ernennt Hitler zum Reichskanzler, Beginn der nationalsozialistischen Herrschaft.

Mythos der Goldenen Zwanziger

Großstädtische Unterhaltungskultur prägt Mythos der Zwanziger

Der Name sagt es schon: die Goldenen Zwanziger, die *Roaring Twenties*: Turbulenzen und Luxus, Modernität und Großstadt, Vergnügen und Laster, Kabarett und Revuen, Kokain und Kino, Chansons und neue Tänze wie Charleston prägen die Vorstellung von einer kurzen Zeitspanne während der Weimarer Republik, die auf der Basis einer zumindest scheinbaren ökonomischen Stabilisierung beruht. Nach den schwierigen Kriegs- und Nachkriegsjahren wächst nun das Bedürfnis nach Unterhaltungskunst. Kultur und Öffentlichkeit einer kleinen Schicht von Künstlern und Bohemiens in den deutschen Großstädten, insbesondere in Berlin, tragen zum Mythos der Goldenen Zwanziger bei.

Doch gleichzeitig verstärken sich die erbitterten Kämpfe zwischen Kommunisten und Nationalsozialisten; mit der wirtschaftlichen Konsolidierung geht nicht die Stärkung des demokratischen Staates einher. Der Alltag vieler Einwohner Berlin ist nicht „golden", so z. B. ist der Wohnraum sehr knapp.

Tanz auf dem Vulkan – explosive Atmosphäre

Diese Zeit wird oft als „Tanz auf dem Vulkan" beschrieben, als habe es eine Vorahnung von dem jähen Ende dieser urbanen Kultur ab 1933 gegeben. Die explosive Atmosphäre resultiert auch aus der Spannung, die der Wandel des Lebensgefühls in den Metropolen mit sich bringt. Radikale Veränderungen wie der Weg von der Monarchie zur Demokratie, technische Neuerungen wie Kino, Fließband, die Hollerithmaschine, Illustrierte und Reklame, aber auch die neuen Vorstellungen der Rolle der Frau und der größeren sexuellen Freizügigkeit sorgen nach der Niederlage im Ersten Weltkrieg zum Teil für produktive Spannung, zum Teil aber auch für Verunsicherung, Festhalten an Tradition bzw. Erstarken der nationalsozialistischen Ideologie.

Wandel des Lebensgefühls

Wirtschaftliche Stabilisierung 1924–1929

Die „Goldenen Zwanziger" beziehen sich auf die Jahre zwischen Beendigung der Inflation durch die Einführung der Rentenmark, die Verminderung von Reparationszahlungen, die Unterstützung der deutschen Volkswirtschaft durch amerikanische Kredite und dem Beginn der Weltwirtschaftskrise (1924–1929). Die Mythisierung der glänzenden „goldenen" Jahre beruht auch auf ihrer Stellung zwischen zwei finsteren Zeiten, zwischen dem Ersten Weltkrieg bzw. dessen Folgen zu Beginn der Weimarer Republik und der Weltwirtschaftskrise mit Vorzeichen der nationalsozialistischen Diktatur.

Die Werke der Neuen Sachlichkeit lassen sich jedoch nicht genau dieser kurzen Zeitspanne zuordnen, etliche Romane erscheinen zu Beginn der dreißiger Jahre und thematisieren gerade die Nöte dieser Zeit.

[handschriftliche Notiz: eher Ende 20er Anfang 30er]

Weltwirtschaftskrise

Die „goldenen" Zwanzigerjahre enden mit dem Einbruch der Konjunktur im Winter 1928/29. Zwei Millionen Menschen sind arbeitslos. Der New Yorker Börsenkrach im Oktober 1929 löst eine Weltwirtschaftskrise aus. Dies führt in Deutschland im Jahre 1930 zu staatlichen Notverordnungen zur Sicherung der Finanzen, die Zahl der Arbeitslosen hat sich bereits verdoppelt. Ein Jahr später kommt es in Deutschland zu einer Krise der Banken, die für mehrere Tage geschlossen sind. Zunehmend werden Stellen gestrichen und Löhne gekürzt. 1932 ist ein Drittel aller Erwerbstätigen ohne Arbeit (sechs Millionen Arbeitslose, d.h. 16% der Gesamtbevölkerung). Kurzarbeit und Abbau von Sozialleistungen verschlechtern darüber hinaus die materielle Situation vieler Menschen. Die schon sich zuvor abzeichnende politische Radikalisierung verschärft sich weiter. Die NSDAP und die Kommunistische Partei haben großen Zulauf. Auch die Literaturszene radikalisiert sich; so entsteht z.B. in linken und kommunistischen Kreisen der „Bund proletarisch-revolutionärer Schriftsteller"; die faschistischen Autoren organisieren sich im „Kampfbund für deutsche Literatur".

Der Glaube an den eigenen Erfolg, an Aufstiegschancen schrumpft. Der Optimismus der wirtschaftlichen Stabilisierungsphase zwischen 1924 und 1929 ist verschwun-

Marginalien:
- „Schwarzer Freitag" – New Yorker Börsenkrach 1929
- 6 Millionen Arbeitslose
- Politische und literarische Radikalisierung

den. In den Krisenjahren 1930–1933 wird viermal der Reichstag gewählt. Es kommen keine regierungsfähigen Mehrheiten mehr zustande; der Reichspräsident kann ohne parlamentarische Kontrolle regieren. Mit zahlreichen Notverordnungen wird versucht, die Krise zu bewältigen.

Glamour, Glanz und Glühbirne: Berlin

Die Themen der Neuen Sachlichkeit sind mit der Entwicklung der Großstadt eng verknüpft. Berlin ist in den Zwanzigerjahren eine der größten Städte der Welt und hat sich rasant entwickelt. Mehr als zwei Millionen Einwohner hatte Berlin 1905, aber schon 15 Jahre später hat sich diese Zahl durch einen Verwaltungsakt – zahlreiche Orte im Umfeld wurden eingemeindet – verdoppelt. Fast vier Millionen Menschen wohnen im Groß-Berlin der Weimarer Republik. Viele Industriebetriebe siedeln sich hier an (z. B. AEG, Siemens, Osram). Zahlreiche Büros und Kaufhäuser bieten Arbeitsplätze für Angestellte und Arbeiter.

Viertgrößte Stadt der Welt

Berlin wird zur kulturellen Metropole und zur Welthauptstadt des Vergnügens. Ein Zentrum intellektuellen Austausches ist z. B. das „Romanische Café", an der Gedächtniskirche gelegen. Alle, die irgendwie mit Kultur zu tun haben, treffen sich hier: Maler, Schauspieler, Denker und Dichter, Buchhändler, Verleger. Der Schriftsteller Hans Sahl beschreibt die Szenerie in seiner Autobiografie *Memoiren eines Moralisten*:

Kulturelle Metropole

> „Es gibt einen Malertisch, einen Bildhauertisch, einen Philosophentisch, einen *Börsen-Courier*-Tisch, einen Tisch der Kritiker, der Dramatiker, der Essayisten, der Soziologen und der Psychoanalytiker."

Aber auch in etlichen anderen Künstlerlokalen wird debattiert, werden Kontakte geknüpft. Die Szene kennt sich und ist gut vernetzt, so etwa versammelte der Verleger Ernst Rowohlt seine Autoren wie z. B. den Lyriker Ringelnatz um sich, der Theater- und Literaturkritiker

Herbert Ihering lädt immer wieder sonntags einen illustren Kreis von Künstlern ein. Und natürlich hat auch Brecht seinen Zirkel.

Die Tageszeitung *Berliner Börsen-Courier* hat das umfassendste Feuilleton dieser Zeit. Der Kritiker Ihering schreibt hier, es wird über Brecht berichtet, die ersten Erzählungen von Marieluise Fleißer werden hier publiziert. Atonale Musik, abstrakte Kunst, die künstlerische Avantgarde finden in dieser Zeitung ein Forum. Berlin ist auch Zeitungs-Hauptstadt. Der Stil der Reportage, der Journalist ist auch Vorbild für die Autoren der Neuen Sachlichkeit.

<small>Zeitungs-Hauptstadt</small>

Zu den Goldenen Zwanzigern gehören natürlich auch Vergnügungsstätten aller Art. Neben Cafés und Bars entstehen nun eine Fülle von Tanzpalästen, Kinos und Kabaretts. In Berlin gibt es 1924 über 150 Variétés und Kabaretts. Die Tiller-Girls prägen das erste Revue-Theater – mit nackten Beinen werden z. B. überdimensionierte Schreibmaschinentasten bedient. Die Maschinentauglichkeit des Menschen wird zum Sujet der Unterhaltungsindustrie. Mitte der Zwanzigerjahre besuchen täglich über zehntausend Zuschauer die Revuen.

<small>Tanzpaläste, Revuen und Kabaretts</small>

Das amerikanische Wort *glamour* wird zum deutschen „Glanz". Die scheinbare Aufwertung, die das „kleine Ladenmädchen" (Kracauer) oder der „kleine Mann" (Fallada) durch Identifikation mit einem Kinohelden, durch einen Gang über den illuminierten Kurfürstendamm oder in einem hell erleuchteten Warenhaus in Berlin erfahren, werden zu Motiven in der Kunst dieser Zeit. Die nun durchgängige Elektrifizierung der Großstädte, vor allem die neue Lichtreklame, die Angleichung zwischen Tag und Nacht, die Faszination durch das Kino und das schnellere Arbeits- und Lebenstempo durch Automobile, U-Bahnen und sonstige technische Innovationen sorgen für das Lebensgefühl der Moderne.

<small>Lichtreklame</small>

<small>Tempo als Lebensgefühl der Moderne</small>

Gleichwohl kann diesem Lebensgefühl nur ein kleiner Teil der Berliner Bevölkerung positive Seiten abgewinnen. Nach wie vor herrscht Not in den dunklen Hinterhöfen mit überbelegten Wohnungen jenseits der Glanzmeilen. In die zahlreichen Hinterhöfe fällt kaum Licht. Im ersten Jahr der Krise 1929 lebt bereits ein Viertel der Bevölkerung von staatlicher Unterstützung.

Großstadt als Sujet der Literatur

Aber auch Probleme der Urbanisierung wie Anonymität und Entwurzelung gehen ein in die literarischen Werke dieser Zeit. Ebenso werden die Themen der Spannung von Provinz und Metropole und die Probleme, die ein Umzug in die große Stadt bereitet, zum Stoff der Literatur. Fast alle Romane der Neuen Sachlichkeit spielen ganz oder zum großen Teil in Berlin. Eine Ausnahme bilden die Werke von Marieluise Fleißer, die oft in einer literarischen Spiegelung ihres bayerischen Heimatorts Ingolstadt angesiedelt sind.

Amerika

Die USA haben eine Vorreiterrolle bezüglich technischer Neuerungen wie Autos, Flugzeuge, Fließband. Die Arbeitslehren von Henry Ford und Frederick W. Taylor prägen die effizientere Neuorganisation von Arbeit. Die Taten des Ozean-Überfliegers Charles Lindbergh regen z. B. den jungen Brecht zu dem Stück *Der Ozeanflug* an. Im Werk von Fleißer ist Amerika der Hort der Freiheit. Die Amerikanismen in Keuns Roman *Das kunstseidene Mädchen*, die Verbreitung von Jazz und von amerikanischen Tänzen zeugen vom Einfluss der USA auf die deutsche Kulturindustrie.

Technische und kulturelle Vorreiterrolle der USA

Amerikanische Autoren wie Upton Sinclair, Frank Harris und Sinclair Lewis, die in ihren Romanen realistisch soziale Probleme darstellen, werden zum Vorbild der Künstler der Neuen Sachlichkeit. Das Ideal, nüchtern zu schreiben, nur äußeres Verhalten zu beobachten, wie es z. B. Fleißer verfolgt, ist auch beeinflusst von der zu Anfang des 20. Jahrhunderts hauptsächlich in den USA, aber auch in der Sowjetunion bevorzugten psychologischen Richtung des Behaviorismus.

Behaviorismus

In den literarischen Werken der Neuen Sachlichkeit werden Technik und amerikanischer Lebensstil nicht verherrlicht, sondern eher kritisch hinterfragt. Doch die technischen Neuerungen werden in die Texte integriert; Neue Sachlichkeit ist somit auch eine Bewegung, die nichts mit antimoderner Einstellung zu tun hat.

Integration des Themas „Technik" in die Texte der Neuen Sachlichkeit

Massenkultur – Zerstreuungskultur

In den Zwanzigerjahren sind die technischen und wirtschaftlichen Voraussetzungen gegeben, mehr als je zuvor eine „Massenkultur" zu entwickeln. Die neuen Medien wie Kino, Hörfunk und Schallplatte sowie der Siegeszug der Illustrierten und Tageszeitungen ermöglichen die Teilhabe breiter Massen an Kultur. Dazu gehören auch Sportveranstaltungen. Gerade die Künstler der Neuen Sachlichkeit zeigen eine Sympathie für die Massenkultur. Der Status des Außenseiters – dieses Modell hatten die Expressionisten und die Vertreter des Symbolismus gepflegt – ist kein Vorbild mehr. Kunst wird nun zur Gebrauchskunst. Kästner und Tucholsky schreiben Lieder für Revuen, Falladas Roman *Kleiner Mann – was nun?* erscheint zuerst als Fortsetzungsroman in einer Zeitung.

Massenmedien

Kunst als Gebrauchskunst

Kino

Von Beginn des Jahrhunderts an bis zu Beginn des Ersten Weltkriegs (1914) breiten sich Kinos aus. 1914 gibt es weltweit bereits ca. 60 000 Kinos. In Berlin existieren 1927 ca. 400 Kinos. Die größten Filmtheater Europas sind am Kurfürstendamm angesiedelt; der prächtigste ist der Ufa-Palast am Zoo mit weit über 2000 Sitzplätzen und einer siebzigköpfigen Orchesterbesetzung. Stummfilme werden bis Ende der Zwanzigerjahre gezeigt, dann beginnt die Umstellung der Kinos auf den Tonfilm. Junge Angestellte und Arbeiter besuchen die Kinos, für Familien ist das Vergnügen oft zu teuer.
Asta Nielsen, Buster Keaton und Charlie Chaplin sind Stars des Stummfilms. Marlene Dietrich spielt sowohl in Stumm- als auch in Tonfilmen (*Der blaue Engel*, Regie: Josef von Sternberg, 1930) mit. Wesentliche künstlerische

Berlin: Metropole der Kinos

Einflüsse verdankt der Stummfilm Sergej Eisenstein (*Panzerkreuzer Potemkin*, 1925). Großstadt, Maschinenmenschen und modernes Lebensgefühl werden zum Thema in *Metropolis* (Fritz Lang, 1927). In den Film *Berlin – Die Sinfonie der Großstadt* (1927) montiert der Regisseur Karl Ruttmann dokumentarisches Material.

Der Film prägt auch die Formensprache der Literatur. Montage, schnelle Episodenwechsel, Zoom auf Objekte als Techniken werden nun literaturfähig.

Sport

In den Zwanzigerjahren wird der Sport immer mehr organisiert; Vereine, Breitensport, Betriebssportgruppen erfreuen sich großer Beliebtheit. Riesige Arenen werden gebaut. Radrennen, Boxen, Fußball und Autorennen werden populär. Es geht um Wettkampf, es geht um Leistung, und es geht auch darum, fit für die Firma zu sein.

Popularität des Breitensports

Der sportliche Typ wird als Vorbild für den modernen, sachlichen Menschen gepriesen. Für Marieluise Fleißer ist Sport eine Einstellung der Fairness (siehe S. 73). Die Haltung des Zuschauers in den Sportarenen solle auch die der Zuschauer im Theater sein, fordert Brecht. Bei einem Lyrikwettbewerb wählt Brecht ein Gedicht aus einem Radsportblatt aus, und zwar „He! He! The Iron Man!" von Hannes Küpper, in dem es um einen Sechstage-Radrennfahrer geht.

Sportlicher Typ als moralisches Vorbild

Angestellte

In den Zwanzigerjahren werden Verwaltung und der Dienstleistungssektor immer mehr ausgebaut. Schon seit Ende des 19. Jahrhunderts gibt es vermehrt den Typus des Angestellten; 1925 gehören 3,5 Millionen Arbeitnehmer zu den Angestellten, davon sind ca. ein Drittel weiblich. Knapp die Hälfte der arbeitenden Frauen verdient als Stenotypistin ihren Lebensunterhalt. Zu den Angestellten gehören die Büroangestellten, das

Verkaufspersonal, die kaufmännischen und die technischen Angestellten. Sie bilden das Personal der Romane der Neuen Sachlichkeit.

Angestellte verfügen über eine eigene Standesideologie, grenzen sich von Arbeitern ab. Die Differenz hat historische Wurzeln; ihre Privilegierung gegenüber den Arbeitern zeigt sich z. B. darin, dass sie schon mit 65 (Arbeiter mit 70) in Rente gehen können. Von den Arbeitern werden sie jedoch oft als „Stehkragenproletarier" verlacht – der weiße Stehkragen ist ihr Erkennungsmerkmal.

Standesideologie der Angestellten

Weißer Stehkragen

„Asyl im Tanzpalast" (Siegfried Kracauer)

In den Zwanzigerjahren ändert sich auch die soziologische Wahrnehmung: Alltagsphänomene rücken in den Mittelpunkt. Walter Benjamin und Siegfried Kracauer beobachten detailliert den Alltag und dessen Oberflächenphänomene: Kino, Fotografie und Großstadt, die „Exotik des Alltags" (Kracauer) sind bevorzugte Areale ihrer Feldstudien. Die Massenkultur wird reflektiert und zum Teil stark in ihrer Wirkung, der Formierung eines angepassten Charakters, kritisiert. Aspekte dieser Kritik gehen in Adornos und Horkheimers *Dialektik der Aufklärung* ein.

Beobachtung von Alltagsphänomenen

Der vielseitige Kulturphilosoph Siegfried Kracauer (1889–1966), Architekt, Essayist, Filmwissenschaftler und Romanautor (*Ginster*, 1928) analysiert in seiner Studie *Das Ornament der Masse* (1927) die Mechanismen neuer Massenbildungen. Dabei geht er davon aus, dass eine Epoche „aus der Analyse ihrer unscheinbaren Oberflächenäußerungen" zu verstehen ist.

In seiner Studie *Die Angestellten* seziert er die Vergnügungsindustrie und sieht sie als Kompensation der Entfremdung im Berufsleben der Angestellten. Da der Angestellte der solidarischen Organisationen der Arbeiter entbehre, befinde er sich in einer „geistigen Obdachlosigkeit". Der Glanz der Warenhäuser, die Illusionen der Schlager, die „Asyle der Tanzpaläste" sind nach Kracauer eingerichtet worden, um den Hunger nach Zerstreuung

Zerstreuung als Kompensation der Monotonie des Alltags von Angestellten

zu stillen. Zerstreuung sei für den Angestellten notwendig, um der Monotonie seines Alltags zu entweichen. Doch gerade die Revuen spiegeln den rationalisierten Alltag. Der Glanz ist nötig, um den Angestellten die Illusion zu vermitteln, sie nähmen am Leben der Reichen teil.

Neue Sachlichkeit: Architektur und Design

> "Bilden wir also eine neue Zunft der Handwerker ohne die klassentrennende Anmaßung, die eine hochmütige Mauer zwischen Handwerkern und Künstlern errichten wollte!"

Kunst soll allen zugänglich sein

Diese Forderung von Walter Gropius, Architekt und Mitbegründer des „Bauhauses" (1919 gegründet; international einflussreiche Schule für Kunst, Design und Architektur), beinhaltet einen der zentralen programmatischen Punkte der Neuen Sachlichkeit, nämlich Kunst allgemein zugänglich zu machen, ihre bislang elitäre Aura aufzulösen.

Funktionale und soziale Bedürfnisse berücksichtigende Bauwerke

Entsprechend bedeuten im Bereich der Architektur die Prinzipien des „Bauhauses": nüchterne und funktionale Bauten, Ablehnung der historisierenden Bauwerke der Gründerzeit, Entwürfe für kinderfreundliche Wohnungen mit Einbauküche im sozialen Wohnungsbau, flache Dächer und glatte Fassaden. In Bezug auf Gebrauchskunst und Design sind Entwürfe für zweckmäßige und schöne Gebrauchsgegenstände wie z. B. Möbel, Lampen und Porzellan wichtig. Schönheit liegt in der Reduktion auf einfache Elemente und in der Funktionalität des Gegenstandes. Materialien wie Stahl, Sperrholz und Industrieglas rücken nun in den Mittelpunkt avantgardistischer Innenarchitektur.

Malerei und Fotografie

Unter Malerei der Neuen Sachlichkeit versteht man die nachexpressionistischen und gegen die abstrakte

Kunst des Konstruktivismus gerichteten Tendenzen. Man spricht nun von „Neuer Gegenständlichkeit", von neuem Naturalismus, von Neo-Biedermeier. Der Begriff vom „magischen Realismus" setzt sich durch für die Kunstwerke jener Künstler, für die das „Anstaunen der Wirklichkeit" maßgeblich sei. Die Überschärfe und die Ausschaltung von Licht und Schatten machen die Darstellung oft „magisch", aber auch statuarisch und leblos. Resignation und Zynismus, durch die Katastrophen des frühen 20. Jahrhunderts bedingt, hätten zur Rückbesinnung auf den einzelnen Gegenstand geführt, so die Erklärung von Franz Roh, einem führenden Kunstwissenschaftler der Weimarer Republik. Sujets sind häufig technische Details wie Maschinenhallen oder die Dinge des Alltags wie ein Besen. Zur Schule des „Magischen Realismus" gehören z. B. die Maler Radziwill und Oelze. Hartlaub unterscheidet in seiner Ausstellung, die der Richtung ihren Namen gab, zwischen den „idyllischen Klassizisten" (z. B. Kanoldt, Schrimpf) und den aggressiven, sozialkritischen „Veristen", zu denen z. B. Dix, Grosz und Schad gehören.

Gegenständlichkeit in der darstellenden Kunst

Magischer Realismus

Die Bilder und Zeichnungen von Otto Dix und von George Grosz schockieren wegen ihrer bissigen, satirischen und grotesken Darstellung nicht nur der Welt der Nachtlokale, sondern auch der brutalen Herrschaften der „feinen Gesellschaft". Grosz karikiert die reaktionären Kräfte und sieht sich als Vertreter einer linken Tendenzkunst.

Sozialkritische Karikaturen der „feinen Gesellschaft"

Die Fotografie gewinnt zunehmend an Relevanz durch die Verbreitung von Illustrierten und Werbung. Der neusachlichen Fotokunst werden z. B. die Sozialporträts August Sanders zugeordnet. Dokumentarische Fotos, aber auch die Fotomontagen von Lázló Moholy-Nagy beanspruchen eine möglichst objektive Darstellung. Schärfe im Detail und isolierende Abbildung einzelner Gegenstände, insbesondere aus dem technischen Bereich, zeichnen z. B. die Fotos von Hans Finsler aus (etwa „Elektrische Birne", 1928).

Fotos: Schärfe im Detail, isolierende Darstellung einzelner Gegenstände; Sozialporträts

Die neue Frau

> „Wo wir aber auftauchten, kurzröckig, kurzhaarig und schlankbeinig, fuhren die Männer der älteren Generation zusammen und fragten: ‚Was sind das für Geschöpfe?' Wir antworteten: ‚Die neue Frau!'"

So klingt eine der Hymnen auf den neuen Typus.
Schon seit der Aufklärung wird über ein neues, emanzipatorisches Geschlechtsrollenmodell für Mann und Frau nachgedacht. Die Frauenbewegung fordert seit dem 19. Jahrhundert Gleichberechtigung. Seit Beginn des 20. Jahrhunderts ist es Frauen in Deutschland möglich zu studieren, 1919 wird das Frauenwahlrecht eingeführt. Im Ersten Weltkrieg übernehmen viele Frauen die Arbeit der Männer. Die Witwen der im Krieg Gefallenen suchen Arbeit.

In den Großstädten der Weimarer Republik – dies ein internationaler Trend – bilden sich in den Zwanzigerjahren neue Frauentypen. Ihnen ist gemeinsam, dass sie die alte Rolle der Frau, durch Kinder, Küche, Kirche gekennzeichnet, ablehnen. Die neue Frau soll selbstständig, sachlich, jung und modern, in der Regel um die Jahrhundertwende geboren sein. So sieht das propagierte Bild in den Frauenzeitschriften, auf den Litfasssäulen und in den Schaufenstern der großen Warenhäuser aus. Die neue Frau ist privat und finanziell unabhängig. Sie arbeitet, schminkt sich und raucht in der Öffentlichkeit. Lange Haare, komplizierte Frisuren sind aus der Mode, die neue Frau trägt Bubikopf. Der Idealtypus ist androgyn mit schmalen Hüften und kleinen Brüsten, ist entsprechend schlank und zeichnet sich durch eine rationale Einstellung aus.

Funktionale Mode, androgynes Ideal

Drei Typen der „neuen Frau" werden unterschieden: die eher männlich wirkende *Garçonne*, der *Flapper* in den Charleston-Kleidern mit tief angesetzter Taille, flachgepresstem Busen, Zigarettenspitze und schwerem Schmuck und das *Girl* im saloppen Hemdkleid. Allen Frauentypen gemeinsam ist der rot geschminkte Mund. Schminke, die zuvor nur Schauspielerinnen und Prosti-

Garçonne, Flapper, Girl

tuierten vorbehalten war, ist nun Zeichen der Eroberung des öffentlichen Raumes. Die Frau kann nun auch ohne männliche Begleitung in ein Café gehen, ohne ihren Ruf zu gefährden. Der neue Frauentypus kann sich sowohl auf amerikanische als auch auf sowjetische wie von Alexandra Kollontai geprägte Vorbilder berufen.

Die Mode unterstreicht in ihrer Funktionalität die neue Sachlichkeit der Frau: kurze Röcke, Herrenmantel, Topfhut, Hosen, Kostüme, orientiert am Herrenanzug, einfache Schnittmuster. Zweckmäßige Kleidung verlangt die nun auch Frauen mögliche sportliche Betätigung. Das Korsett der Gründerzeit hat abgedankt.

In Zeitungen werden etliche Fotos und Texte der „neuen Frau" veröffentlicht. Auch die Zeichnungen Jeanne Mammens, die „Zeitungslyrik" von Mascha Kaléko oder die Romane der Erfolgsschriftstellerin Vicki Baum, die sich als boxende Frau stilisiert, bestätigen das Bild der neuen Frau.

Mediale Verbreitung des neuen Frauenbildes

Doch in der Realität sind die beruflichen Karrierechancen der Frauen begrenzt. Die Mehrzahl arbeitet in Büros als kleine Angestellte, Verkäuferin, Stenotypistin, Sekretärin. Davon sind ca. 94% ledig, um 1925 gibt es insgesamt 1,5 Millionen weibliche Angestellte im expandierenden Dienstleistungssektor.

Die durch die Weltwirtschaftskrise 1929 ausgelösten Entlassungen treffen insbesondere die Frauen. Weiblichen Angestellten wird gekündigt. Ab 1933 wird das weibliche Rollenmodell der nationalsozialistischen Mutter-Ideologie angepasst. Die Emanzipation der neuen Frau ist damit vorläufig an ein Ende gelangt.

Realität der „neuen Frau" ab 1929

Kontroverse um die Literatur der Neuen Sachlichkeit

Äußerst strittig wird schon in den Zwanzigerjahren die Kunst der Neuen Sachlichkeit bewertet. Die beanspruchte Objektivität der Darstellung, der Verzicht auf klare politische Parteinahme, der Versuch der Ideologiefreiheit, die Einfachheit des Stils sind die Punkte, an denen sich die Kontroverse entzündet.

Marxistisch orientierte Literaturkritik

Die neusachliche Literatur wird von marxistischer Seite sowohl von den linken Zeitgenossen als auch in den Siebzigerjahren negativ bewertet. Die linken Literaturkritiker, so auch der einflussreiche Georg Lukács, werfen dieser Richtung vor:
- fehlender richtiger Klassenstandpunkt, Standpunkt der „Bürgerlichen", keine Parteilichkeit für Arbeiter
- damit Vorbereitung des Faschismus
- Vermittlung des kapitalistischen Lebensgefühls (Balázs: „Ästhetik des laufenden Bandes")
- Lukács: durch Anlehnung an dokumentarisches Schreiben Vernachlässigung künstlerischer Gestaltung, so keine Darstellung eines Gesamtzusammenhangs („Totalität") möglich, Darstellung der Realität bleibt nur oberflächlich
- naive Vorstellung, etwas dokumentieren zu können: „Die Wirklichkeit ist eine Konstruktion" (Kracauer)
- Kritik an dem Versuch, etwas neutral beschreiben zu können, jeder Mensch habe doch einen Standpunkt (Tucholsky)

Der Philosoph Ernst Bloch unterscheidet in den Dreißigerjahren zwischen Texten, die den Kapitalismus bejahen, also affirmativ sind, und Texten einer „reflexiven Sachlichkeit".

Konservative Kritik

In den Zwanzigerjahren wird die neusachliche Literatur auch aus konservativer und zunehmend auch aus nationalsozialistischer Sicht kritisiert:

- Erniedrigung des Dichters zum Reporter
- Versuch der fotografischen Abbildung von Realität sei kein schöpferischer Akt
- Texte hätten keine überzeitliche Qualität und wiesen kein Streben nach Sinngebung der Welt auf
- keine Darstellung von Individuen
- Vernachlässigung von Natur und Landschaft, zu liberale Darstellung von Erotik, „undeutsches" Bild der „neuen Frau" (Kritik aus dem rechten Lager)

Der Literaturwissenschaftler Helmut Lethen lehnt in seiner 1970 erschienenen Studie *Neue Sachlichkeit 1924–1932* die Literatur der Neuen Sachlichkeit als die des „Weißen Sozialismus" ab. Wie Lethen in seinem Vorwort zur zweiten Auflage 1975 schreibt, sind seine Analysen von der Studentenbewegung 1968/69 geprägt. Er kritisiert – wie schon seine linken Vorgänger in den Zwanzigerjahren – die Texte der Neuen Sachlichkeit als bürgerlich, als den Kapitalismus bejahend und als unkritische Ausdrucksform einer Gesellschaft, die von einer Industrienation nahtlos in eine faschistische „Gemeinschaft" übergeht.

Neue Sachlichkeit als präfaschistische Kunst (Lethen)

Dieser negativen Beurteilung der „Neuen Sachlichkeit" wird ab den Neunzigerjahren insbesondere von der Literaturwissenschaftlerin Sabina Becker (u. a. *Neue Sachlichkeit*, 2 Bde., 2000) entgegengesetzt, dass das Urteil der linken Kritik unangemessen sei. Becker betont das demokratische Moment dieser Bewegung der klassischen Moderne, die auch eine eigene Ästhetik begründet habe (siehe S. 8 f.). So habe z. B. gerade die Forderung, Geschehnisse „neutral" zu dokumentieren, eine aufklärerische Kraft, der Leser müsse – im Gegensatz zur Tendenzkunst – seine eigenen Schlüsse ziehen.

Neue Sachlichkeit als demokratische Kunstrichtung mit eigener Ästhetik (Becker)

Romane und Erzählungen der Neuen Sachlichkeit

Überblick über Tendenzen in der Prosa

Orientierung an der Gattung des Zeitromans

Die erzählerischen Werke der Neuen Sachlichkeit orientieren sich an der Gattung des Zeitromans. Aktuelle gesellschaftliche Fragen machen den Inhalt sowohl der Erzählungen als auch der Romane aus. Daraus ergeben sich ästhetische Konsequenzen.

Marieluise Fleißers Sammlung von Erzählungen, die 1929 unter dem Titel *Ein Pfund Orangen* herausgegeben werden, gelten als exemplarisch für die Prosa-Schreibweise der Neuen Sachlichkeit. Von großem Einfluss auf die noch junge Autorin sind der Kritiker Herbert Ihering, die bereits erfolgreichen Romanschriftsteller Lion Feuchtwanger und Alfred Döblin sowie Bertolt Brecht, der mit seinen frühen Theaterstücken wie *Mann ist Mann* bereits Furore gemacht hat. Alle fordern sie eine Schreibweise, die an die sachliche Form des Berichts angelehnt ist. Der Bericht, der Emotion und Innenschau in die Figuren ausspart, wird als die dem modernen Lebensgefühl angemessene Ausdrucksform angesehen. Sie berichtet neutral das, was eine Erzählfigur beobachtet. Dieser Schreibstil ist meist gebunden an die personale Perspektive des jeweiligen Protagonisten. Ungekünstelt soll die äußere Wirklichkeit dargestellt werden. In der Regel wird das Geschehen nicht gedeutet. So ist z. B. ein zentrales Stilmittel in Irmgard Keuns Roman *Das kunstseidene Mädchen* die assoziierende Schreibweise, die Montage von Eindrücken z. B. während einer Taxifahrt durch Berlin.

Forderung nach Authentizität

In vielen Vorworten neusachlicher Werke betonen die Autoren, dass sie selbst Erlebtes und tatsächliches Geschehenes in ihren Werken darlegen. Fiktion wird als Faktizität dargeboten. So schreibt Ernst Glaeser in *Jahrgang 1902* im Vorwort:

> „Im Folgenden berichte ich, was meine Freunde und ich gesehen haben […]. Meine Beobachtungen sind lückenhaft. Es wäre mir leicht gewesen, einen ‚Roman' zu schreiben. Ich habe mit diesem Buch nicht die Absicht zu ‚dichten'."

Eric Reger schickt seinem Industrie-Roman *Union der festen Hand* (1931) sogar eine Gebrauchsanweisung vorweg. Regel Nr. 1:

> „Man lasse sich nicht dadurch täuschen, daß dieses Buch auf dem Titelblatt als Roman bezeichnet wird."

Auch Keuns *Das kunstseidene Mädchen* wird als eine Art Tagebuch verfasst und auf diese Weise mit einer Authentizitätsklausel versehen. Als Marieluise Fleißer ihre *Gesammelten Werke* herausgibt, ist ihr bei jeder Erzählung wichtig, den autobiografischen Bezug herzustellen. So gehören die autobiografische Dimension des Schreibens und die (scheinbare) Authentizität des Inhalts zum poetologischen Programm der Neuen Sachlichkeit.

Die Texte sollen ungekünstelt sein, an die journalistischen Form angelehnt. Literatur ist jetzt „Gebrauchsliteratur". Gleichwohl gibt es aber auch weiter traditionelles Erzählen und – gerade in dem Versuch, nüchtern zu schreiben – poetische Ausdrucksformen.

Erzähltechnische Konsequenzen der Konzeption neusachlichen Schreibens

- Darstellung des sozialen Typus, keine ausgeprägte individuelle Ausgestaltung einer Figur, Verzicht auf Psychologisierung
- Auswahl eines kurzen Lebensabschnitt der Figuren mit exemplarischer Bedeutung für den Zeitbezug
- Verzicht auf Ausschmücken von Handlungssträngen und weitschweifiges Erzählen

- Personale Perspektive, Beobachtung des Geschehens durch Protagonisten, dadurch assoziierende Schreibweise möglich
- Entsprechend oft Ich-Erzähler oder journalistischer Berichterstatter
- Gestische und beobachtende Schreibweise
- Beobachtung der Außenwelt und der Oberflächenphänomene
- Beschreibung äußerer Verhaltensweisen ermöglicht Rückschluss auf die Gefühlswelt der Personen (Behaviorismus)
- Erschwerte bzw. nicht gewünschte Identifikation des Lesers mit den Figuren
- Keine Bewertung und Deutung des Geschehens durch einen auktorialen Erzähler
- Dadurch keine politische Eindeutigkeit
- Orientierung am journalistischen Schreiben
- Gebrauchsliteratur – leichte Verständlichkeit, Orientierung an Alltagssprache

Themen der Zeitromane

Die Romane und Erzählungen der Neuen Sachlichkeit sind geprägt von aktuellen und gesellschaftlichen Themen wie Angestelltendasein, Arbeitslosigkeit und ökonomische Krise (Kästner, Fallada), Alkoholprobleme (Döblin, Fallada), Aspekte der Sexualität, neue Frauenbilder und traditionelle Geschlechtsrollen (Keun, Fleißer), Glanz und Elend der Metropole Berlin (Keun, Fallada, Döblin), Dumpfheit und Doppelmoral in der Provinz (Fleißer). Darüber hinaus enthalten Antikriegsromane (Glaser, Renn, Zweig) und Romane, die die Nachkriegszeit nach 1918 thematisieren (Roth, Kesten), die Industrieromane (Reger, Jung) und die Kinderromane (Kästner) neusachliche Elemente.

Neben den in den folgenden Kapiteln vorgestellten Autoren und Autorinnen Keun, Fleißer, Fallada und Kästner gibt es in dieser Zeit noch etliche Prosa-Schriftsteller von Rang, deren Werke zumindest in Teilaspekten der Neuen Sachlichkeit zugeordnet werden. Allen voran muss Alfred Döblins Roman *Berlin Alexanderplatz* (1929), die Geschichte des aus der Strafanstalt entlassenen Transportarbeiters Franz Biberkopf, genannt werden. Doch die Machart dieses Romans ist weitaus komplexer und avantgardistischer als die der leicht lesbaren „Gebrauchsromane" der Neuen Sachlichkeit.

Hier sei eine kleine Auswahl der häufig zur Neuen Sachlichkeit zugeordneten Romane vorgestellt:

Überblick: Romane der Neuen Sachlichkeit

– Joseph Roth, *Hotel Savoy* (1924)
– Lion Feuchtwanger, *Der Erfolg* (2 Bde., 1930) (erste zwei Bände aus der Romantrilogie *Der Wartesaal*)
– Erik Reger, *Das wachsame Hähnchen* (1932), *Union der festen Hand* (1931)
– Gabriele Tergit, *Käsebier erobert den Kurfürstendamm* (1931)
– Vicki Baum, *Menschen im Hotel* (1929)
– Hermann Kesten, *Josef sucht die Freiheit* (1927), *Glückliche Menschen* (1931), *Der Scharlatan* (1932)
– Siegfried Kracauer, *Ginster* (1928)
– W. E. Süskind, *Jugend* (1930)
– Ludwig Renn, *Krieg* (1928)
– Erich Maria Remarque, *Im Westen nichts Neues* (1929)

Irmgard Keun: Die frühen Romane

Gerade 26 Jahre alt ist Irmgard Keun (1905–1982), als sie zur Autorin von Bestsellern wird. Sie hat noch knapp anderthalb Jahre Zeit, ihr literarisches Talent zu entfalten. Ihre Bücher werden ab 1933 von den Nationalsozialisten verboten. Ende der Siebzigerjahre wurde die Autorin wiederentdeckt. Ihr Werk gehört nun zum Kanon der literarischen Moderne.

Mit 26 Jahren Bestseller-Autorin

Ihr Erstlingswerk *Gilgi – eine von uns* erscheint 1931 in hohen Auflagen. Überall wird der sofort verfilmte Roman, der das neue Frauenbild, den Typus der Angestellten, Sehnsüchte und soziale Zwänge der Zwanzigerjahre thematisiert, heiß diskutiert. Der zweite Roman Keuns, *Das kunstseidene Mädchen*, der schon ein halbes Jahr nach dem Debüt erscheint, gehört zu den meistverkauften Romanen des Jahres 1932. Beide Romane erfahren internationale Anerkennung und werden sofort in viele Sprachen übersetzt.

Biografie

Irmgard Keun ist 1905 in Berlin geboren. Als sie acht Jahre alt ist, zieht ihre Familie nach Köln. Der Vater hat sich als Kaufmann selbstständig gemacht. Sie erlernt nach dem Aufenthalt in verschiedenen Sprachschulen Stenographie und Schreibmaschine und arbeitet zwei Jahre als Stenotypistin. Da sie dieser Enge entfliehen will, setzt sie bei ihren Eltern den Besuch einer Schauspielschule in Köln durch. Sie erhält zunächst einige Engagements an Bühnen, doch sie ist zunehmend vom Theaterbetrieb desillusioniert.
Als sie keine Engagements mehr erhält, beginnt sie mit dem Schreiben. Nachdem *Gilgi – eine von uns* erschienen ist, liest die junge Autorin aus ihrem Werk, schreibt für Zeitungen, arbeitet bei der Verfilmung ihres Erstlingswerks mit. Sie heiratet 1932 einen wesentlich älteren Schauspieler und Regisseur, der sich später als Nazi-Opportunist erweist.
Auf dem Höhepunkt ihrer noch frischen Karriere als Autorin angelangt, verbietet die nationalsozialistische Zensur aufgrund „antideutscher Tendenzen" ihre Werke. Sie darf nun in Deutschland nicht mehr publizieren. Ohne Genehmigung der NS-Behörden erscheinen noch einige ihrer kleineren Glossen in Zeitungen. Sie emigriert 1936 in das belgische Ostende, zu der Zeit ein Treffpunkt etlicher deutscher Künstler im Exil. Seit längerem ist sie mit dem österreichischen Schriftsteller Josef Roth liiert; 1937 reicht ihr Ehemann die Scheidung ein, ein Jahr später erfolgt die Trennung von Josef Roth, der kurz darauf stirbt. Exilverlage ermöglichen ihr das Erscheinen weiterer Romane wie *Nach Mitternacht*.
Irmgard Keun hält sich nun in Holland auf, das 1940 von den Deutschen besetzt wird. Die erkrankte und verarmte Autorin muss fliehen. Sie geht mit falschen Papieren inkognito nach Deutschland, nach Köln zu ihren Eltern.

Nach dem Kriegsende 1945 schreibt sie wieder, veröffentlicht kleine Beiträge in Rundfunk und Zeitungen, später auch Erzählungen und einen Roman, doch sie kann nicht an ihre Erfolge von früher anknüpfen. Immer wieder muss sie wegen ihrer Alkoholprobleme in Kliniken. Den Vater der Tochter, die sie 1951 bekommt, verrät sie nie.

Den späten Wendepunkt in ihrem Leben leitet eine Serie „Die verbrannten Dichter" der Zeitschrift *Stern* im Jahre 1977 ein. Ein Reporter besucht sie. Der Bericht im *Stern* ruft die vergessene Autorin bei den Älteren wieder in Erinnerung, macht die Jüngeren auf sie neugierig. Die Folgen: Neuauflagen ihrer Werke, zahlreiche Interviews. Ein Jahr vor ihrem Tod wird ihr der Marieluise-Fleißer-Preis der Stadt Ingolstadt verliehen. Sie stirbt 1982.

Wiederentdeckung in den Siebzigerjahren

Gilgi – eine von uns

Keuns erster Roman sorgt für große Diskussionen. Titel in Zeitungen wie „Ist Gilgi tatsächlich eine von uns?" spiegeln die Auseinandersetzung mit der Romanfigur, einer jungen Stenotypistin, die zunächst stolz darauf ist, in ihrer Arbeitswelt zu funktionieren, aus dem disziplinierten Leben ausbricht und sich erneut bewusst in das System einfügt.

Inhalt

Gisela Kron, genannt Gilgi, 20 Jahre alt, macht ihre tägliche Morgengymnastik, arbeitet als Stenotypistin, lernt zusätzlich Fremdsprachen. Sie glaubt fest daran, etwas selbstständig erreichen zu können, und identifiziert sich mit ihrem Job. Nichts möchte sie mit dem Heer der grauen, resignierten Angestellten zu tun haben. Die üblichen Mädchenträume wie Ehe, Schauspielerin und Schönheitskönigin lehnt sie ab. Vielleicht kann sie eines Tages Mode entwerfen. Als ihr verheirateter Chef ihr zu nahe kommen möchte, lehnt sie ab und vertröstet ihn geschickt mit ihrer attraktiven Freundin, der Künstlerin Olga.

Gilgis Alltag als Angestellte

Doch dann erfährt ihr geradliniges Leben Brüche. Die Mutter eröffnet Gilgi, dass sie adoptiert sei. Ganz kühl geht Gilgi mit dieser Nachricht um, versucht mit Pit, einem befreundeten, doch verbitterten sozialistischen Studenten darüber zu reden. Sie trifft ihre scheinbar richtige Mutter, eine verhärmte Näherin. Diese jedoch klärt sie über ihre wahre Mutter auf, ein reiches Fräulein, das ihr uneheliches Kind weggegeben hat.

Über Olga, die von einem freien Leben als Künstlerin auf Mallorca träumt, lernt Gilgi den Schriftsteller Martin Bruck kennen. Noch mehr als Olga symbolisiert Martin die Gegenwelt zu Gilgis bisher diszipliniertem Dasein. Gilgi verliebt sich in den „Bummler", der vorübergehend in der Wohnung eines verreisten Freundes lebt. Von da an brechen die Strukturen ihres bisherigen Lebens auf, sie wird nervös, sie weint. Da sie auch bei ihm übernachtet, muss sie aus ihrem Elternhaus ausziehen. Bei Martin sucht sie Unterschlupf, pocht aber weiter auf ein eigenes Arbeitszimmer. Sie genießt die Liebe mit Martin und meldet sich im Büro krank. Als ihr gekündigt wird, erschreckt sie das nicht, denn so hat sie noch mehr Zeit für Martin. Doch mit dessen Leichtsinnigkeit kommt sie nicht zurecht. Sie kann schlecht mit seinen Schulden leben und ängstigt sich vor Verwahrlosung. Sie weiß auch, dass sie ihn nicht umerziehen kann.

Gegenwelten zu Gilgis diszipliniertem Dasein

Liebe zu Martin

Gilgis Schwangerschaft

Als sie entdeckt, dass sie von ihm schwanger ist, wird ihr deutlich, dass Martins Art der Lebensführung nicht mehr mit der ihren vereinbar ist. Eine Abtreibung lehnt sie nach kurzer Überlegung ab.

Verstärkt wird die schwierige Situation zwischen Martin und ihr, als sie dem völlig verarmten Freund Hans mit Familie helfen will. Sie möchte über Nacht Geld besorgen, um ihn vor dem Gefängnis zu bewahren. Das Mitgefühl für diese Familie bringt sie so weit, dass sie nun ihre begüterte Mutter aufsucht, um das Geld zu erlangen. Sie gibt Gilgi etliche Ringe, die zu Geld zu machen sind. Doch die Zeit läuft. Kurz bevor die Zahlungsfrist für Hans endet, will sie noch Martin Bescheid sagen. Dieser ist eifersüchtig, hält sie zurück. Sie beteuert ihm ihre Liebe und bleibt länger bei ihm, als sie ursprünglich vorhatte. Als sie kurz darauf Hans und seine Familie mit dem Geld aufsucht, haben diese sich bereits durch Gas getötet.

Gilgis Schuld am Selbstmord einer Familie

Voller Schuldgefühle verlässt nun Gilgi Martin, der nichts von ihrer Schwangerschaft weiß. Sie möchte wieder arbeiten und Ordnung in ihrem Leben haben. Zuletzt steigt sie in den Zug nach Berlin, will ihr Kind dort alleine aufziehen. Sie hofft, vielleicht später einmal den Vater wieder zu treffen.

Entscheidung, Kind alleine aufzuziehen, Abfahrt nach Berlin

Themen und Motive

Bis Martin erscheint, repräsentiert Gilgi den Typus der neuen Frau. Sie ist sachlich, selbstständig, diszipliniert, aufstiegsorientiert, stolz auf ihr Arbeitspensum, bezahlt selbst ein kleines Arbeitszimmer außerhalb ihres Elternhauses. „Tagesplan einhalten. Nicht abweichen vom System" (S. 6) ist ihr Motto. Ihr Name in der Verkleinerungsform „Gilgi" unterstreicht das Mädchenhafte, so auch ihre knabenhafte Figur, erst mit 25 Jahren möchte sie sich „Gisela" nennen. Sie möchte sich von dem Heer der schlecht bezahlten weiblichen Angestellten distanzieren.

Gilgi als neusachliche Frau

Natürlich lehnt sie Weltschmerzromane ab, ebenso Romantik und „Gemütszucker" (S. 26). Als sie von ihrer Adoption erfährt, hofft sie weiter, das „Leben wie eine sauber gelöste Rechenaufgabe vor sich zu haben" (S. 71).

Im zweiten Teil des Romans verliert Gilgi aufgrund der Liebesbeziehung zu dem Künstler Martin, die sie zunächst „Betriebsstörung" (S. 106) nennt, ihre kontrollierte Lebensführung. Sie versucht vergebens, Ordnung in seine Finanzen zu bringen. In ihrer Freundin Olga ist die Konfrontation mit der neuen Lebensform vorweggenommen. Als Gilgi beschließt, ihr Kind auszutragen, lernt sie wieder Verantwortung, möchte und muss auch wieder arbeiten.

Auseinandersetzung mit verschiedenen Lebensformen

Nach dem Liebeserlebnis mit Martin charakterisiert sich Gilgi selbst als Menschen mit zwei Schichten. Die obere symbolisiert den disziplinierten Alltag, die untere ist von einer dunklen Sehnsucht geprägt. Nun hat sie verstanden, dass der Mensch hell und dunkel, gut und böse zugleich ist: „Mordbegier und Mariawunsch, zu gebären" (S. 213).

Sie träumt nicht davon, Martin, dessen andere Wesensstruktur ihr immer deutlicher wird, zu heiraten. „Aus meiner schönen Liebe soll nicht so'n Strindberg-Drama werden" (S. 256), sagt sie und verweist damit auf den schwedischen Schriftsteller August Strindberg (1849–1912), der in seinen Werken das Scheitern von Beziehungen dargestellt hat.

Bekenntnis zu unehelichem Kind, Prinzip der Individualität, Absage an politisches Systemdenken

Nachdem sie beschlossen hat, das Kind alleine aufzuziehen, findet sie zu ihrer Lebensenergie zurück. In einem unehelichen Kind sieht sie nichts Unmoralisches. Auch in ihrer Auseinandersetzung mit den Prinzipien eines abstrakten Sozialismus, wie sie Pit vertritt, zeigt sich, dass nur das Individuum für sie zählt und nicht eine allgemeine Moral.

Frauentypen

Gilgis Wandlung vom *Flapper* zur allein erziehenden Mutter

Die anfänglich androgyne Gilgi ist zum Teil als *Flapper* (siehe S. 20 f.) einzuordnen. Der Stummfilmstar Colleen Moore ist ihr Idol, der als Ikone der gepflegten und sportlichen *Flapper* gilt. Unter dem Einfluss von Martin verändert sie sich, sie übernimmt das traditionelle Frauenbild. Als Martin sie verlässt, gestaltet sie sich eine neue Rolle und kombiniert Elemente verschiedener Frauenbilder in dem Wunsch, eine berufstätige, nicht verheiratete Mutter zu sein. Gilgi ist wandlungsfähig, als Tochter von drei „Müttern" hat sie keine festgelegte soziale Identität.

Stummfilmstar Colleen Moore – © Corbis (Condé Nast Archive/ Edward Streichen), Düsseldorf

Weitere Frauengestalten repräsentieren verschiedene soziale Positionen: die verhärmte Schneiderin, Olga als kleinbürgerliche Adoptivmutter, die wahre Mutter als reiche, aber unglückliche alte Dame, die Prostituierte Mariechen, Frau Krons Schwester mit den beiden albernen Töchtern, die keinen Beruf haben und auf die Ehe warten. Sie vertreten das alte Frauenbild und sind Gegenfiguren zu Gilgis Rollenmodell.

Gegenfiguren zu Gilgis Rollenmodell

Arbeitswelt – Maschinenmädchen Gilgi

Arbeit ist für Gilgi der Weg zur Selbstständigkeit. Die damit verbundene Härte, die tägliche Disziplinierung, das körperliche Training schätzt sie zunächst. Sie liebt ihre kleine „Erika"-Schreibmaschine und kann sich über ein neues Farbband freuen. Sie verschmilzt mit der Schreibmaschine: „Ihre Hände gehören zu der Maschine, und die Maschine gehört zu ihnen" (S. 16).

Symbol der Schreibmaschine

Martin möchte ihr am liebsten die Schreibmaschine wegnehmen. Als Gilgi nicht mehr arbeitet und die elegante Welt kennenlernt, lackiert sie sich die Nägel, registriert aber noch zwei harte Fingerkuppen, mit denen sie tippen kann. „Martin, meine zwei Zeigefinger sind alles, was du von mir gelassen hast." (S. 135)

Nach der Erfahrung des Kontrollverlustes bewertet sie ihren bisherigen beruflichen Eifer neu. Sie ekelt sich vor sich selbst und sieht in der Arbeit die Flucht vor dem eigenen Begehren. Sie erkennt, dass ihre Existenz als „Maschinenmädchen", als „Uhrwerkmädchen" (S. 213) nur einen Pol menschlichen Daseins ausmacht.

Zweifel am Ideal der neusachlichen Frau

In der letzten Episode des Romans verabschiedet sich Gilgi auf dem Bahnsteig von Pit und steigt in den Zug nach Berlin. In einem inneren Monolog sehnt sie sich nach Martin, zweifelt am Ideal der sachlichen Frau („ach, warum darf man nicht nur Frau sein – nur, nur, nur!", S. 260). Doch der Anblick einer Lokomotive, eines in sich strukturierten Ganzen, beruhigt sie: „Kleine Räder, große Räder – alles ineinander gehörig." (S. 259) Dabei beobachtet Gilgi eine Apfelsine, die zwischen die Gleise gerollt ist. Doch die Sorge um die mögliche Zerstörung der Apfelsine, ihre Sorge um sich selbst, ihre Angst, dass Zerbrechliches im Gesamtsystem vernichtet werden könnte, versucht sie tapfer einzudämmen, indem sie hofft, Martin irgendwann wiederzusehen.

Männertypen

Der Schriftsteller Martin vertritt das Gegenkonzept zu Gilgis Lebensentwurf. Der Vielreisende kritisiert die deutsche Enge. Er lebt genussvoll im Hier und Jetzt, nennt Gilgi – auch wenn er sie liebt – „mein kleines Ding". Er erweitert ihre Phantasie und ihren Horizont. Gilgis alter Freund Pit ist Student und vertritt resigniert sozialistische Ideale, die Gilgi in ihrer Abstraktheit kritisiert.

Erschüttert ist Gilgi, als sie ihren ersten Liebhaber Hans wiedertrifft. Ihn und seine Familie hat die Wirtschaftskrise in die Knie gezwungen. Der Selbstmord dieser Familie (und ihre Schwangerschaft) bringen Gilgi wieder vom Weg in die Boheme ab. Zu Beginn des Romans spielt Gilgis Chef noch eine Rolle, er verkörpert den Typus des scheinbar jovialen Geschäftsmannes, der eine kleine Geliebte sucht. Gilgis Adoptivvater ist ein kleinbürgerlicher Patriarch des alten Schlages.

„Man denkt in Schlagern" (S. 79)

Typisch für die Romane der jungen Keun sind die Verweise auf Elemente der Massenkultur. Gilgis Bewusstsein ist geprägt durch Versatzstücke aus Volksliedern und der Schlager- und Filmwelt. Sie ist stolz darauf, ihr Grammophon selbst bezahlt zu haben. Aber sie verfällt nicht der Illusion, dass sie – wie so oft medial suggeriert – märchenhaft erlöst werden könnte. Sie entlarvt den irrealen Wunschtraum ihrer Zeitgenossen, einmal berühmt zu werden wie die ehemalige Verkäuferin und jetzige Filmschauspielerin Greta Garbo.

Gilgi übernimmt teilweise die Wahrnehmungsmuster der Unterhaltungsindustrie. So beschreibt sie ihre richtige Mutter als „Typ: Titelfigur einer mittelmäßigen Magazinnovelle" (S. 228). Gleichwohl sieht sie im Kontrast zu den Illusionen der Schlagerwelt umso härter die Nöte der realen Welt.

Wahrnehmungsmuster der Unterhaltungsindustrie

Auch dient der Einbezug von Zeilen aus Schlagern, Operetten, Kölner Karnevalsliedern und Volksliedern der Intensivierung einer Stimmung. So ertönt z. B. bei der Schilderung einer Straßenszene mit Arbeitslosen und verarmten Kindern aus einem Radiogeschäft eine Operettenmelodie aus dem *Zarewitsch*, gesungen vom dama-

Funktion der zitierten Schlager

ligen Star Richard Tauber: „in tiefer Nacht" (S.97). Ein Verweis auf das Ende der Beziehung mit Martin zeigt sich schon darin, dass bei Gilgis erstem Gespräch über Martin das Grammophon „es geht alles vorüber" (S.105) spielt.

Zu Beginn des Romans, als sie als *Flapper* noch an ihren Aufstieg glaubt, blitzen in ihrem Bewusstsein Elemente amerikanischer Schlager auf: „I want to be happy" (S.21). Doch je mehr sich Gilgis Ordnung auflöst, desto weniger werden in den Text Schlagerelemente eingefügt. Diese werden am Ende des Romans, bei der Abfahrt nach Berlin, abgelöst durch ihre eigene schlagerähnliche Zeile „wie kommt die kleine Apfelsine denn dahin?" (S.259). Die massenmedialen Orientierungsmuster greifen nicht mehr, Gilgi drückt nun ihre ambivalente Zukunftsperspektive und Ängste in eigenen Worten aus.

Literarische Techniken

Der leicht lesbare Roman ist in der Regel aus der Perspektive Gilgis im Präsens erzählt. Die personale Erzählhaltung wird durch Partien erlebter Rede und innerer Monologe intensiviert. Vereinzelt zeigt sich eine erzählende Instanz.

Sprachliche Formulierungen sind oft an Wendungen des Alltags orientiert. Die Sprache ist an vielen Stellen unterkühlt, spart den emotionalen Ausdruck aus wie z.B. in Gilgis Gespräch mit dem Arzt über ihre Schwangerschaft. Gilgis anfänglich disziplinierter Lebensweise entsprechen die kurzen, klaren Sätze, die mitunter elliptischer Natur sind.

Orte und Personen sind knapp charakterisiert, gelegentlich mit beschwingter Metaphorik. So heißt es über Olga: „Ein gut gelaunter lieber Gott hat ihr einen Sektkorken an die Seele gebunden" (S.23). Treffend betonen Neologismen wie „Schreibmaschinenworte" oder Personifikationen wie „verlobt in einen Mercedes Benz" gesellschaftliche Aspekte in der Gefühlswelt Gilgis. Satirische Effekte erzielen auch die typisierten Darstellungen von Vater und Chef. Die soziale Schichtung wird z. T. durch einen stilisierten Dialekt sprechende Personen verdeutlicht.

Im zweiten Teil des Romans verändert sich die saloppe Sprache Gilgis. Nach dem Liebeserlebnis mit Martin kann sie sich nicht mehr sachlich ausdrücken. Ihre innere Unordnung findet nun eine schon fast expressionistische Ausdrucksweise. Die Sprache wird ekstatisch. Pathetisch werden Leiden und Wollust formuliert: „Brennt im Blut, brennt im Hirn – brennt, brennt, brennt." (S. 213) Wiederholungen, Blut-Metaphorik und Neologismen wie „Leidahnung" (S. 203) bilden einen Gegensatz zum leichten Alltagston des ersten Teils. Gleichwohl wird diese eher schwülstige Sprache immer wieder in harten Schnitten mit Elementen der desillusionierenden Alltagswelt konfrontiert wie z. B. einem Gang auf das Arbeitsamt oder einem Besuch bei der notleidenden Familie von Hans.

Veränderung der sprachlichen Gestaltung

Das kunstseidene Mädchen

Der zweite Roman Irmgard Keuns ist kurz nach dem Erscheinen von *Gilgi – eine von uns* mit hoher Startauflage im Frühjahr 1932 erschienen. Er ist heute bekannter als das Erstlingswerk, wurde 1959 verfilmt und mehrfach für die Bühne bearbeitet. Der Roman besteht aus drei Teilen.

Inhalt
1. Teil: „Ende des Sommers und mittlere Stadt"
Doris, 18 Jahre alt, Sekretärin bei einem Rechtsanwalt in einer rheinischen Stadt, erwartet etwas Großartiges in ihrem Leben, fühlt sich als etwas Besonderes. Büro und Geschäftsbriefe liegen ihr nicht. Sie ist mit ihrer Garderobe und ihren Liebhabern beschäftigt. Diese nimmt sie – bis auf den sie verletzenden Studenten Hubert – nicht sonderlich ernst. Die Annäherungsversuche ihres Chefs lehnt sie ab.
Als Doris in ihrem Büro gekündigt wird, sucht sie keine Stelle mehr, sondern sie will nun ein „Glanz" werden.

Unzufriedenheit im Büro

Kündigung im Büro, Versuch der Schauspielerei

Kino und Theater ziehen sie an, arbeiten will sie allenfalls als Schauspielerin. Aufgrund einer Intrige – sie gibt vor, ein Verhältnis mit dem Theaterdirektor zu haben – erhält sie eine kleine Rolle. Als ihre Freundin Therese für sie eine Verabredung mit dem von ihr geliebten Hubert arrangiert, schämt sie sich ihres alten Regenmantels. Doris stiehlt einen kostbaren Pelzmantel. Hubert, nun verlassen von seiner standesgemäßen Braut, möchte jetzt wieder mit der am Theater etwas verdienenden Doris zusammen sein. Doch sie durchschaut dessen Motive und verlässt ihn. Wegen des gestohlenen Pelzes, den sie nicht mehr zurückgeben möchte, flieht sie aus ihrer Heimatstadt.

Diebstahl des Pelzmantels und Flucht

2. Teil: „Später Herbst – und die große Stadt"
Doris zieht nach Berlin. Sie wohnt zunächst bei Bekannten, doch sie fühlt sich als Störenfried in den kleinbürgerlichen, ärmlichen Milieus. Sie sehnt sich danach, in der Metropole zu glänzen. Der gestohlene Pelzmantel soll sie aufwerten. Mit etlichen Männerbekanntschaften hält sie sich über Wasser. Beziehungen geht sie ein mit Großindustriellen, Nationalisten, Intellektuellen. Sie besucht Tanzhallen und lässt sich in feine Restaurants einladen.
Diese Beziehungen, die ihr das Lebensnotwendige wie Nahrung und Unterkunft bieten, sind nur von kurzer Dauer. Wenn z. B. die Ehefrau eines verheirateten Liebhabers zurückkehrt, muss Doris natürlich die Wohnung verlassen. Nie findet sie einen, der sie zum Film bringt.

Sehnsucht nach „Glanz" in Berlin

Überleben mittels Männerbekanntschaften

3. Teil: „Sehr viel Winter und ein Wartesaal"
Doris leidet an ihrem unsteten Leben. Sie hält sich nun oft müde und hungrig im Wartesaal des Bahnhof Zoo auf. Sie hat keine Bleibe mehr und befürchtet, Prostituierte werden zu müssen.
Doch auf dem Tiefpunkt ihrer Existenz gelingen ihr einige intensivere Begegnungen. Sie kümmert sich um einen blinden Mann. Sie zeigt ihm Berlin und erzählt, was sie sieht. Dieses Mal ist die Stadt nicht nur die

Begegnung mit blindem Mann

glamouröse Großstadt. Dann lernt Doris in der Silvesternacht 1931/32 Ernst kennen, der seiner ehemaligen Geliebten nachtrauert. Ernst sucht jemanden, der mit ihm seine leere Wohnung teilt. Doris lernt diesen Mann zunehmend schätzen, verliebt sich in ihn und muss erkennen, dass sein Herz noch für die andere Frau schlägt. Sie hofft, dass das schon vor der Begegnung mit Ernst ausgesprochene Angebot des arbeitslosen Handwerkers Karl noch gilt, mit ihm zusammen in seinem Schrebergarten zu leben.

Ungewisse Zukunft im Schrebergarten

Themen und Motive
Der Motor von Doris' Aktivitäten ist die Sehnsucht danach, ein „Glanz" zu werden.

> „Ich will so ein Glanz werden, der oben ist. Mit weißem Auto und Badewasser, das nach Parfum riecht, und alles wie Paris." (S. 26)

Leitmotivisch durchzieht „Glanz" den gesamten Roman, bedeutet die Gegenwelt zur Monotonie des Büros. Auch hofft Doris, als „Glanz" nicht mehr ihre Worte „ausrechnen" (S. 27) zu müssen. Als sie eine kleine Statistenrolle im heimischen Theater erhält, fühlt sie sich ihrem Ziel schon nahe. Die Oberfläche soll scheinen.
Das Mittel für den Aufstieg ist das Glänzen mittels des gestohlenen Pelzmantels, des Feh. Ein Feh ist ein grauer oder weißer Pelz einer in Sibirien und Nordwesteuropa vorkommenden Art Eichhörnchen und wurde im Mittelalter in Mänteln von Königen verarbeitet. Der Feh gibt ihr Geborgenheit, wenn auch nur illegale, und dient dazu, die Blicke anderer auf sich zu lenken:

Funktion des Feh, des Pelzmantels

> „Ich – mein Feh – der ist bei mir – meine Haut zieht sich zusammen vor Wollen, dass mich in dem Feh einer schön findet, den auch ich schön finde." (S. 47)

Die Hülle des schönen Scheins ist nur „geliehen". Damit potenziert sich die Scheinhaftigkeit der Oberfläche nochmals.

Es bedarf ständig der Mühe, ein „Glanz" zu werden. Die Konkurrenz ist groß. Doris muss ihr Gesicht kontrollieren, denn „überall sitzen Frauen, von denen die Gesichter sich anstrengen." (S. 47) Doris schafft es nicht, beim Film unterzukommen. Aber sie hat ihre Auftritte, ihre kleinen Episoden, in denen sie sich als Star fühlen kann. Als sie sich – ausnahmsweise selbst bezahlt – eine Taxifahrt durch Berlin gönnt, fühlt sie sich als „Film", als „Glanz". In der großen Wohnung eines reichen Liebhabers hat sie ihre Auftritte:

Sehnsucht, ein Star zu sein

> „Und dann tue ich etwas ganz Großes. In meinem Negligé, das meine Füße seidig umwallt und meine Knie streichelt, bewege ich mich vor und hebe ganz langsam meine beiden Arme, die von Spitzen überstürzt werden – und an meinen Füßen rosa seidene Pantoffeln mit Pelz dran – und dann hebe ich meine Arme wie eine Bühne und schiebe die große Schiebetür auseinander und bin eine Bühne. Ich glaube, dass eine Schiebetür das Äußerste an Vornehmheit ist." (S. 74)

Doris zeigt hier Requisiten eines Stars: das seidige Negligé, die große Geste, die Bühne. Dass die Bühne jedoch mit Hilfe einer Schiebetür gebildet wird, bricht den Auftritt ironisch.

Kunstseide

Hier ist ausnahmsweise einmal von einem Kleidungsstück aus Seide die Rede. Doch die Titelfigur heißt das „kunstseidene Mädchen". Auch Kunstseide glänzt, ist ein Abglanz der großen Welt und gibt den Trägerinnen das Gefühl, ein Star zu sein. Kunstseide und Halbwelt gehören zusammen.

Doris erliegt den Illusionen, die das neue Massenmedium Kino geschaffen hat. „Glanz" ist die deutsche Übersetzung für *glamour*. Hollywood-Stars haben Glamour, einen Zauber, einen blendenden Glanz. Eine betörende Aufmachung gehört dazu. Im Lichte des Glanzes werden die Stars, die Sterne sichtbar. Zum Umkreis dieser Metaphorik gehören Lichtquellen aller Art. Glühbirnen leuchten, Lichterketten funkeln und sind Teil der Vergnügungsindustrie.

Doch trotz zahlreicher Männerbekanntschaften gelingt

es Doris nicht, zum Film zu kommen, ein „Glanz" zu werden. Im Gegenteil, sie verarmt zunehmend. Im Zuge ihrer Verelendung sieht sie auch die Schattenseiten Berlins.

Am Ende des Romans beschließt sie, zu dem arbeitslosen Karl zu gehen. Karl wohnt in einer Laubenkolonie. Aus der Sehnsucht nach der Metropole des Glanzes, nach Berlin, nach Urbanität ist die pragmatische Hoffnung geworden, in einem Schrebergarten wohnen und Karl bei seinen Arbeiten helfen zu können. Doch wenn Karl sie nicht mehr will, dann – so denkt sie sich – „geh ich lieber auf die Tauentzien und werde ein Glanz" (S. 130). Die Tauentzien ist eine zentrale Berliner Einkaufsstraße. In den Zwanzigerjahren gibt es den Typus des *Tauentzien girl*. Dem Luxus zugeneigt, Schaufenster und Läden inspizierend als weibliche Entsprechung des Flaneurs können junge Frauen sich im öffentlichen Raum zeigen. Angesichts ihrer Armut ist dies nicht Doris' Zukunft, sondern sie wird sich als Prostituierte anbieten. Doris stellt im letzten Satz des Romans die Bedeutung des „Glanzes" in Frage: „Auf den Glanz kommt es nämlich vielleicht gar nicht so furchtbar an." (Ebd.)

Hoffnung auf den Schrebergarten

Film

Mit der Sehnsucht nach Glamour eng verwandt ist Doris' Liebe zum Kino. Berlins Gloriapalast ist für sie ein „Schloss" (S. 61). Schon zu Beginn des Romans wird der zentrale Stellenwert des Mediums Film sowohl für den Werdegang von Doris als auch als poetologisches Programm für die Art des Schreibens im *Kunstseidenen Mädchen* deutlich.

Doris reflektiert zu Beginn ihr Vorhaben, alles aufzuschreiben. Die Form des Tagebuchs ist ihr zu läppisch, ihrem Lebensgefühl nicht entsprechend und vor allem nicht mehr zeitgemäß: „Aber ich will schreiben wie Film, denn so ist mein Leben und wird noch mehr so sein." (S. 4) Sie sieht sich in Bildern und vergleicht ihr Äußeres mit dem von Filmschauspielerinnen. Durch die Analogie zum Film wird Doris' Alltag überhöht.

Filmische Erzählweise

An zentralen Stellen des Romans wendet Keun filmische Gestaltungsmittel ins Literarische. Die Schreibweise bedient sich einzelner Elemente filmischer Techniken. Wenn Doris sich mit dem Taxi oder als Führerin des Blinden durch Berlin bewegt, schildert sie die Stadt in filmischen Bildern, mit Schnitten, mit kurzen Spots, kurzen Einstellungen (*shots*).

> „Mein Kopf war ein leeres schwirrendes Loch. Ich machte mir einen Traum und fuhr mit einem Taxi eine hundertstundenlange Stunde hintereinander immerzu – ganz allein und durch lange Berliner Straßen. Da war ich ein Film und eine Wochenschau" (S. 75).

Nun ist Doris alles: der leere Kopf als die Leinwand, auf die projiziert wird, die Kamera, die in rasanten Fahrten die aktuelle Dynamik von Berlin erfasst, die Regisseurin, die Filmdiva. Sie registriert Details der Außenwelt: Kinos, Straßenbahnen, Brotläden, Licht und Dunkelheit, Fußgänger und ein modernes Bettengeschäft.

Filmische Techniken werden hier deutlich: die Montage disparater Eindrücke, die Veränderung des Rhythmus der Wahrnehmung, die Aufhebung des raum-zeitlichen Kontinuums, das Erfassen von Äußerlichem, von Sichtbarem.

Noch intensiver beeinflusst von Mitteln des Kinos ist Doris' Beschreibung von Berlin für den blinden Nachbarn Herrn Brenner. Sie erzählt ihm von ihren Eindrücken wie ein Film mit viel Tempo, scharfen Schnitten, Spots und der Montage von Einzelbildern. „Ich sammle Sehen für ihn." (S. 57) Die subjektive Wahrnehmungsweise, auch die erotische Besitznahme der Stadt Berlin vermittelt

Kamerafahrt durch Berlin

sie dem Blinden: „Ich bringe ihm Berlin, das in meinem Schoß liegt." (S. 59) Sie schildert ihm Glanz und Elend der Stadt, vornehme Lokale, Arbeitslose, Reklametafeln, geschminkte Frauen, die Atmosphäre im „Romanischen Café", Kaufhäuser, U-Bahnen, Automatenrestaurants.

Einfluss des Stummfilms

Doch auch der Stummfilm prägt einzelne Szenen. Die dem Stummfilm eigene Vergrößerung und Übertreibung von Gesten zeigt sich in Doris' Beschreibung ihres

Aufenthalts im Intellektuellen-Treffpunkt „Romanisches Café". Doris lernt Fremdwörter, um in diesen Kreisen mithalten zu können. Ebenso einstudiert ist ihre Gestik, die der von Stummfilm-Stars ähnelt:

> „Da legte ich meinen Kopf weit zurück, während sie reden, und werfe Blicke in die Luft und höre nicht zu. Und plötzlich presse ich meinen Mund ganz eng zusammen und dann leger auf, blase Rauch durch die Nase und werfe voll Gleichgültigkeit und eiskalt ein einzelnes Fremdwort in sie hinein." (S. 62)

Auch der Blick auf einzelne Objekte bzw. auf Teile einzelner Gegenstände oder Personen entspricht unterschiedlichen Kameraperspektiven wie der Wechsel von Totale oder Detailaufnahme. So beschreibt Doris die Wartenden vor einer Ampel: „riesige Augen und Autos warten vor ihr" (ebd.).

Weibliche Selbstinszenierung

Einerseits zeigt sich Doris recht naiv, andererseits spielt sie mit unterschiedlichen Geschlechtsrollen. Zwar besitzt sie wenig Bildung und lernt mechanisch Fremdwörter. Doch die Art der Darstellung im Roman lässt in der Schwebe, ob sie selbst oder auch ihre jeweiligen Männerbekanntschaften in ihrer Beschränktheit karikiert werden bzw. durch Doris' Sicht ein soziales Panorama ironisch dargestellt wird.

Spiel mit Geschlechtsrollen

Wenn Doris politische Wirklichkeit beschreibt, dann erkennt sie nur Fragmente und sucht jemanden, der sie informiert. Zeitungen sind ihr zu langweilig. Doch Doris wird in der Regel nur als erotisches Gegenüber wahrgenommen. Sie setzt ihren Körper ein, um zu überleben. Der Mann, den sie um politische Aufklärung bittet, preist ihre schöne Augen. Da verlässt sie ihn und verschwindet durch den Hinterausgang des Cafés:

> „Immerhin hatte ich drei Stück Nusstorte – eins davon mit Sahne – das ersparte mir ein Mittagessen, was eine politische Aufklärung ja hinwiederum nicht getan hätte." (S. 44)

Doris versucht, Bildungsbürger nachzuahmen und kokettiert mit ihrer mangelnden Bildung:

> „Und da verkehrte ich einmal Abend für Abend mit einer geistigen Elite, was eine Auswahl ist, was jede gebildete Individualität aus Kreuzworträtseln weiß. Und wir alle bildeten einen Kreis." (S. 61)

Es geht ihr um den äußeren Effekt der von ihr gelernten Fremdwörter. Für sie ist es, als wenn sie eine fremde Sprache erlernen würde, aber kein Verständnis für deren Sinn hätte.

Gleichwohl entlarvt sie die Hohlheit der sogenannten Gebildeten. Ihre Beschreibung der „Elite" im „Romanischen Café" deckt den schönen Schein eines pseudointellektuellen Geredes auf. Sie erkennt die Strategien der männlichen Selbstaufwertung am Beispiel des Schachspiels, einer beliebten Tätigkeit in diesem Café: „Aber es ist die billigste Beschäftigung der Elite, da sie nicht arbeitet und sich darum beschäftigt." (Ebd.)

Ironische Darstellung der Intellektuellen

Doris' Vorliebe für Film und Kleidung machen deutlich, dass sie sich ihrer Existenz durch äußerlich sichtbare Mittel versichern will. Es geht hierbei nicht nur um den oberflächlichen schönen Schein, sondern auch darum, in ihrer weiblichen Existenz sichtbar zu werden, öffentlichen Raum zu erobern. Im Glanz der Spiegelung, sei es durch die Männerblicke, sei es durch Film oder Spiegel, gewinnt sie ein Bewusstsein ihrer selbst. Auffällig ist in diesem Zusammenhang, dass sie auf sprachlicher Ebene immer wieder eine Identität ihrer selbst mit dem Film bzw. mit dem „Glanz" herstellt: „Ich werde ein Glanz" (S. 26), „Da war ich ein Film und eine Wochenschau." (S. 75) Doris hofft, als Regisseurin ihrer selbst sich inszenieren zu können.

„Glanz": Mittel weiblicher Identitätsfindung und öffentlicher Inszenierung

Am Ende des Romans ist sie unsicher, ob sie zu Karl ziehen kann. Wenn dies nicht mehr möglich ist, hat sie nur noch eine schillernde Perspektive: einmal als weiblicher Flaneur sich auf den Prachtstraßen Berlins zu tummeln und vermutlich mittels Prostitution zu überleben:

> „Wenn er mich nicht will – arbeiten tu ich nicht, dann geh ich lieber auf die Tauentzien und werde ein Glanz." (S. 130)

Sie imitiert bereits den Gang der Prostituierten (S. 55). Doch die Selbsttäuschung, auf diesem Wege ein „Glanz" zu werden, relativiert sie in ihrem Schlusssatz: „Auf den Glanz kommt es nämlich vielleicht gar nicht so an." Ob diese Relativierung resignierend, einsichtsvoll oder auch ironisch gemeint ist („nämlich vielleicht") bleibt offen.

Ambivalenz weiblicher Identität im öffentlichen Raum zwischen Prostitution und Flanieren

Aufbau

Das fiktive Tagebuch, das der Roman zumindest teilweise suggeriert, lässt formal viele Möglichkeiten zu. Die subjektive Betrachtungsweise, die Perspektive der Ich-Erzählerin Doris werden so betont. Die Montage von Eindrücken, unvollständige Sätze und sonstige grammatikalische Verstöße entsprechen der Tagebuchform. Doch spielt der Roman nur mit der Textgattung des Tagebuchs; die Form wird nicht imitiert, sondern nur an einzelnen Stellen eingeholt. Erst auf S. 5 beginnt das „Tagebuch":

> „Und habe mir ein schwarzes, dickes Heft gekauft und ausgeschnittne weiße Tauben draufgeklebt und möchte einen Anfang schreiben: Ich heiße somit Doris und bin getauft und christlich und geboren. Wir leben im Jahre 1931. Morgen schreibe ich mehr."

Durch die Anspielung auf die Tagebuch-Form wird die Echtheit des Erlebens von Doris hervorgehoben. Leben und Schreiben von Doris sollen authentisch wirken. Doch der Authentizitätseffekt ist dadurch, dass die Tagebuchform nur manchmal deutlich wird, auch ironisch gebrochen, so z. B. auch durch den zweiteiligen Romananfang, in dem zwischen Lebensbericht und Tagebuch unterschieden wird. Darüber hinaus relativieren satirische Effekte die scheinbar naive Wahrnehmung von Doris. Neben der Analogie zu Mitteln des Kinos werden andere massenmediale Mittel zur Bewusstseinsstruktu-

Ironische Brechung des Authentizitätseffekts durch Andeutung der Tagebuchform

Funktion der Schlagerzitate

rierung verwendet. Ähnlich wie in *Gilgi – eine von uns* bündeln Zeilen aus Schlagern die jeweilige Stimmung. Auch Doris' Mangel an Bildung bzw. ihre Entlarvung des Bildungsbürgertums zeigt sich in der Kombination des Komponisten Schubert mit dem Schlagertitel „Das ist die Liebe der Matrosen." Hochkultur und triviale Kultur begegnen einander. Als Ernst von seiner Frau erzählt, dass sie Lieder von Schubert gesungen habe, singt Doris das für sie wunderbarste Lied und denkt sich:

> „Das ist die Liebe der Matrosen – ist vielleicht ein Dreck, so'n Lied, was? Was heißt Schubert, was besagt er? Das ist die Lie – aus dem Leben gegriffen ist das – wie meine Mutter bei richtigen Kinostücken sagt." (S. 101)

Den Roman durchziehen viele Antithesen. Dem Glanz steht Dunkelheit gegenüber, so z. B. Armut, Prostitution. Manchmal verschränken sich die Gegensätze. Gerade der blinde Herr Brenner verhilft Doris dazu, Glanz und Schatten wahrzunehmen.

Sprache

Poetische Verdichtungen durch verkürzte Alltagssprache

Entsprechend dem Spiel mit der Tagebuchform ist auch die Sprache subjektiv und am Alltag orientiert. Verstöße gegen die Grammatik wie z. B. die zahlreichen elliptischen Sätze haben ihren Sinn. So gilt Doris eine regelrechte Grammatik als unnatürlich, als Teil der Disziplinierung durch die monotone Arbeitswelt. Als sie in Berlin ankommt, kann sie das „Maßlose" ihrer Erlebnisse teilweise nur in unvollständigen Sätzen – oft wird das Prädikat ausgelassen – wiedergeben. Durch diese Techniken gelingen poetische Verdichtungen wie „Berlin senkte sich auf mich wie eine Steppdecke mit feurigen Blumen." (S. 39) Vergleiche und Metaphern treffen auch die gefährlichen Seiten von Berlin. Nachtschwärmer und *demi monde* haben „Nachtaugen so tief im Kopf" (S. 39). Die U-Bahn wird mit einem beleuchteten „Sarg auf Schienen" (ebd.) verglichen.

Auf die eingestreuten Bildungsvokabeln und deren Funktion wurde schon hingewiesen. Witz, Humor und Satire erzeugt Irmgard Keun durch vielfältige Stilmittel: Die Liebhaber von Doris werden oft auf ihren sozialen Status reduziert dargestellt wie z. B. in der Metapher „Die Großindustrie bin ich schon wieder quitt" (S. 27). Bis auf zentrale Ausnahmen wie Hubert, Ernst, Herr Brenner und Karl bleiben die Liebhaber anonym, heißen „der rote Mond" oder „der weiße Onyx". Die grell geschminkten Halbwelt-Damen und die tatsächlichen Damen werden durch karikierende Vergleiche gezeichnet, wie z. B. die Gruppe der vornehmen Damen:

Witz, Humor, Satire

> „Und sie sind ihre eigne Umgebung und knipsen sich an wie elektrische Birnen, niemand kann ran an sie durch die Strahlen." (S. 48)

Bezug der frühen Romane Keuns zur Neuen Sachlichkeit

Beide Romane sind Zeitromane der späten Weimarer Republik und beziehen sich auf einen konkreten Zeitausschnitt 1931/32. Sie sind für ein breites Publikum gut lesbar, z. B. aufgrund einfacher Antithetik. Es fehlt jeweils ein eindeutiges Happy End. Wirtschaftliche Not und Warnzeichen des heraufziehenden Faschismus gehören zum Hintergrund der jeweiligen Romanhandlungen.

Zeitromane

Beide Protagonistinnen stammen aus einem sogenannten unteren Milieu, beide gehören zu den weiblichen alleinstehenden Angestellten und repräsentieren unterschiedliche Geschlechtsrollenbilder, die sich in der Weimarer Zeit herausbilden. Themen wie Gilgis Nachdenken über Abtreibung oder die Lebensführung als selbstständige Frau ohne männlichen Schutz sind Teil der Diskussionen dieser Epoche.

Protagonistinnen aus kleinbürgerlichem Milieu, Bezug zur „neuen Frau"

Auch formal sind beide Romane der Neuen Sachlichkeit verhaftet: Insbesondere die tagebuchartige Ich-Erzählung in *Das kunstseidene Mädchen*, aber auch das Einblenden der Schauplätze Köln und Berlin mit realen Straßennamen erwecken den Anschein eines tatsächlichen Geschehens.

Mittel zur Fiktion von Authentzität

Funktion der Massenmedien

Der Einbezug von Schlagern in beiden Romanen weist auf die zentrale Rolle der Massenmedien zur Bewusstseinsbildung hin. Speziell die Analogie von Leben, Film und Schreiben im *Kunstseidenen Mädchen* bezieht sich auf ein zentrales Thema der Neuen Sachlichkeit.

Zu den Motiven Keuns gehört auch das Verhältnis von Mensch und Maschine. Beide Romane verherrlichen keineswegs den Einfluss von Maschine und Massenkultur. Auch das Bild der neuen Frau wird in beiden Romanen teilweise in Frage gestellt. Die Diskrepanz zwischen sozioökonomischer Realität, dem schönen Schein und den Ikonen des Kinos blitzt immer wieder auf.

Großstadt

In beiden Romanen ist die Großstadt der Ort des Versuchs weiblicher Emanzipation. Was für Gilgi noch Ziel ist, die Ankunft in Berlin, ist für Doris schon Wirklichkeit. Der politische Hintergrund der Handlung in *Das kunstseidene Mädchen* wird nur aus der Perspektive von Doris wahrgenommen, bleibt also vage, bruchstückhaft und unverstanden. Keun hat z. B. keinen auktorialen Erzähler konstruiert, der Zusammenhänge aufstellt. Dies entspricht der Programmatik der Neuen Sachlichkeit.

Verzicht auf auktorialen Erzähler

Rezeption der frühen Romane Irmgard Keuns

Auf den großen Erfolg der frühen Romane Keuns am Ende der Weimarer Republik wurde bereits hingewiesen. Die immer wieder humorvolle Darstellung aktueller Themen sowie die gute Lesbarkeit überzeugten viele Leserinnen und Leser.

Konservative Kritik aufgrund der Darstellung bislang tabuisierter Bereiche

Die damalige Literaturkritik bewertet die Romane unterschiedlich. Das Erstlingswerk *Gilgi – eine von uns* wird aufgrund der Darstellung von z.T. tabuisierten Bereichen wie Abtreibungsthematik und Frauenbild kritisiert. Einer Bücherei wird z. B. empfohlen, dass der Roman „nur an reifere Leser" auszugeben sei.

Die internationale Presse wie die *New York Times* nimmt Notiz von dem Roman. Aus deutscher sozialistischer Perspektive wird diskutiert, inwiefern Gilgi das richtige Klassenbewusstsein habe und sich solidarisch verhalte.

So beschließt z. B. eine Versammlung des Zentralverbandes der Angestellten 1932, gegen den Abdruck des Romans zu protestieren. Insbesondere Gilgis Sehnsucht, am Ende des Romans im Räderwerk der Arbeit einzutauchen, wird als faschistisches Ideal gesehen.

Kurt Tucholsky hat den Roman in der *Weltbühne* rezensiert. Er ist begeistert von den Beobachtungen und der Ironie Keuns. Doch die „fatale Diktion" des zweiten Teil des Romans – die emotionalen Ausbrüche Gilgis – kritisiert er als „schauerlich". „Wenn Frauen über Liebe schreiben, geht das fast immer schief", so Tucholsky.

Kritik an präfaschistischen Tendenzen und falschem Pathos

Die Rezensionen zu *Das kunstseidene Mädchen* betonen die Nähe des Romans zum Lebensgefühl jener Zeit. Mehr noch als im ersten Roman Keuns werden hier die Auflösungserscheinungen der Weimarer Republik einbezogen. Entsprechend reagiert die nun zunehmende rechte Kritik, die dem Roman „undeutsche" Negativität vorwirft.

Der Erfolg des zweiten Romans zieht einen Plagiatsvorwurf nach sich. Der Schriftsteller Robert Neumann wirft Keun vor, dass sie seinen Roman *Karriere* abgeschrieben habe. Irmgard Keun wendet sich als Gutachter an Tucholsky, doch wider Erwarten bestätigt dieser die Vorwürfe. Viel später, im Jahre 1966, nimmt Neumann diese Anschuldigungen zurück.

Plagiatsvorwurf

Nach der Wiederentdeckung der Schriftstellerin Irmgard Keun Ende der 1970er-Jahre sind deren Werke für die feministische Literaturwissenschaft interessant geworden. In diesem Zusammenhang wird insbesondere die Gender-Konstruktion von Weiblichkeit in den frühen Romanen Keuns analysiert.

Wiederentdeckung durch feministische Literaturwissenschaft

Neben der Verfilmung und den Theaterfassungen des *Kunstseidenen Mädchens* widmete sich die Stadt Köln im Jahre 2003 zwei Wochen lang dem Roman als „Stadtgespräch" mit vielen unterschiedlichen literarischen Events.

Hans Fallada, *Kleiner Mann – was nun?*

Biografie

„Hans Fallada" (1893–1947) ist ein Pseudonym. Eigentlich heißt der Autor Rudolf Ditzen. In Greifswald als Sohn eines Justizbeamten geboren, in Berlin, Leipzig und Rudolstadt aufgewachsen, wird Fallada schon als Schüler auffällig. Er fühlt sich schon in jungen Jahren zur Literatur hingezogen, ist suizidgefährdet. Mit einem Freund schließt er einen Vertrag: Wer von den beiden das schlechtere Theaterstück schreibe, solle sich töten. Die Freunde beschließen jedoch einen als Duell getarnten Doppelselbstmord. Der Freund stirbt, der siebzehnjährige Fallada überlebt und wird als nicht zurechnungsfähig in eine psychiatrische Klinik eingewiesen. Theaterstücke der beiden sind nie gefunden worden. Die nächsten Jahre verbringt Fallada aufgrund seines zunehmenden Alkoholismus immer wieder in Entzugsanstalten.

Frühe schriftstellerische Versuche; Duell

Er arbeitet auf verschiedenen landwirtschaftlichen Gütern, unter anderem auch als Gutsverwalter in Sachsen und Pommern. Die ersten – erfolglosen – Romane erscheinen. Zweimal muss er wegen Unterschlagung ins Gefängnis, das zweite Mal sogar für zweieinhalb Jahre. Nach der Entlassung heiratet Fallada Anna Margarethe Issel und verdient 1929 seinen Lebensunterhalt als Annoncenwerber und Reporter für eine Zeitung in Neumünster.

Erster Romanerfolg: Bauern, Bonzen und Bomben

Eine Begegnung mit dem Verleger Ernst Rowohlt eröffnet ihm Chancen, sich als Autor zu etablieren. Er kann jetzt halbtags im Rowohlt Verlag arbeiten. Sein erster größerer Romanerfolg *Bauern, Bonzen und Bomben* erscheint 1931 und erzählt vom Prozess gegen das demonstrierende Landvolk und vom Boykott der Bauern. Hintergrund ist der Landvolk-Prozess in Neumünster 1929. Mit dem ein Jahr später erscheinenden Roman *Kleiner Mann – was nun?* wird Fallada zu einem international bekannten Autor.

Fallada lebt nun als freier Autor mit seiner Familie in einem Haus auf dem Land in Mecklenburg. Während der Zeit des Nationalsozialismus wohnt er hier zurückgezogen. Im November 1933 kann noch der sozialkritische Roman *Wer einmal aus dem Blechnapf frißt* publiziert werden, der die Gefängniserlebnisse des Autors zum Hintergrund hat. Danach verfasst Fallada Unterhaltungsliteratur, doch 1937 erscheint der Roman *Wolf unter Wölfen*, der die Krisen im Inflationsjahr 1923 beschreibt.

Fallada wird immer wieder von seinen Drogenproblemen eingeholt. Als er sich 1944 in die Morphinistin Ursula Losch verliebt, lässt er sich scheiden. Er wird wegen eines Mordversuchs an seiner geschiedenen Frau angeklagt und verbringt drei Monate in einer Heilanstalt. Hier entsteht innerhalb von zwei Wochen der Roman *Der Trinker*.

Der Trinker

Nach der Heirat mit Ursula Losch häufen sich die Klinikeinweisungen des Alkohol- und Morphiumsüchtigen. Den letzten Roman *Jeder stirbt für sich allein* verfasst er kurz vor seinem Tode in 24 Tagen. Im Februar 1947 stirbt Fallada an Herzversagen in Berlin.

Das Pseudonym bezieht sich auf zwei Märchen der Gebrüder Grimm: auf „Die Gänsemagd" (hier sagt ein Pferd namens Falada auch noch nach dessen Tod die Wahrheit) und auf den von allen materiellen Gütern befreiten „Hans im Glück".

Pseudonym

Der Roman *Kleiner Mann – was nun?*

Von allen Romanen der Neuen Sachlichkeit ist dies weltweit und über die Generationen hinweg bis heute der bekannteste Roman dieser Zeit. Von Millionen als ihr Lieblingsbuch erkoren, von der Kritik teilweise hochgelobt, aber auch wegen des zumindest scheinbar unpolitischen Inhalts verdammt, ist der 1932 erschienene Roman mit dem Thema „Liebe in Zeiten der Arbeitslosigkeit" mehrfach verfilmt und von Peter Zadek und Tankred Dorst 1972 als Revue dramatisiert worden.

Inhalt
Der Roman besteht aus vier Teilen. Die zwei Hauptteile (Teil I: „Die kleine Stadt" und Teil II: „Berlin") sind von einem Vorspiel „Die Sorglosen" und einem Nachspiel „Alles geht weiter" eingerahmt.

Vorspiel: „Die Sorglosen"

Zur Zeit der Wirtschaftskrise heiraten der Buchhalter Johannes Pinneberg, 23 Jahre alt, und seine ein Jahr jüngere Frau Emma Mörschel, von Pinneberg stets „Lämmchen" genannt. Bei dem den Roman einleitenden Besuch beim Frauenarzt, den das Paar im Juli 1930 aufsucht, um sich über Verhütungsmethoden zu informieren, wird Lämmchens Schwangerschaft diagnostiziert. Sofort kommen Ängste wegen möglicher finanzieller Probleme auf, doch Lämmchen möchte das Kind haben, das sofort „der Murkel" genannt wird. Spontan entschließt sich Pinneberg für einen Heiratsantrag, er lernt die kommunistischen Schwiegereltern und das proletarische Milieu seiner zukünftigen Frau kennen.

<small>Lämmchens Schwangerschaft, Hochzeit mit Pinneberg</small>

Teil I: „Die kleine Stadt"
Lämmchen zieht zu Pinneberg in die Kleinstadt Ducherow. Sie mieten eine dunkle, übervoll mit verstaubten Dekorationsgegenständen ausgestattete möblierte Wohnung in einer Mietskaserne außerhalb des Städtchens. Die verwitwete, desorientierte Vermieterin trägt zur dumpfen Atmosphäre bei. Lämmchen möchte dort wieder ausziehen. Ihr fällt auf, dass Pinneberg bestrebt ist, seine Ehe und damit seine Ehefrau im Ort zu verheimlichen. Er erklärt Lämmchen jedoch den Grund dieser Heimlichtuerei: Sein Chef Kleinholz, Betreiber eines landwirtschaftlichen Handels, möchte, dass er seine Tochter ehelicht. Aus Angst vor einer Kündigung – Kleinholz droht allen Angestellten immer wieder mit „Abbau" – muss Pinneberg also so tun, als sei er noch frei.

<small>Ökonomischer Zwang zur Verheimlichung der Ehe</small>

Doch bei einem Ausflug, auf dem Pinneberg Lämmchen gesteht, dass seine Mutter eine „Bardame" in Berlin sei, entdeckt ihn der Chef mit Lämmchen. Ausgerechnet für den freien Ausflugstag hat Pinneberg gekämpft; nach dem Willen seines Chefs sollte er an diesem Tag den Kollegen Lauterbach, der zu einer Nazi-Versammlung gehen wollte, vertreten. Nun wird Pinneberg gekündigt. Das Arbeitsamt kann ihm nicht helfen, auch eine Vorstellung beim Bekleidungsgeschäft Bergmann, das ihm zuvor gekündigt hatte, weil er die Post nicht holen wollte, scheitert. Doch Lämmchen hat der vom Sohn verachteten und in Berlin lebenden Mutter Mia Pinneberg einen Brief geschrieben, um sich als Schwiegertochter vorzustellen. Mia schreibt zurück und verspricht ihrem Sohn eine gute Stelle als Verkäufer in einem Berliner Warenhaus.

Kündigung Pinnebergs, Umzug nach Berlin

Teil II: „Berlin"
Das Ehepaar zieht im September zu Pinnebergs verwitweter Mutter Mia, die einen Kreis von Falschspielern, leichten Mädchen und Schiebern unterhält. Die von der Mutter versprochene Stellung erweist sich als erfunden, auch muss das Paar Untermiete in deren Wohnung zahlen. Über Jachmann, dem jovialen Liebhaber der Mutter, erhält Pinneberg eine Stelle als Verkäufer in der Herrenkonfektionsabteilung des im jüdischen Besitz befindlichen Kaufhauses Mandel. Obwohl er wenig verdient, erfüllt er Lämmchens Wunsch nach einem eigenen Möbelstück, nach einer Frisiertoilette. Nachdem Pinneberg über einen Kollegen erfährt, dass Mia per Inserat Bekanntschaften mit Frauen anbietet, und ihm die Verwicklung der Mutter in Zuhälterei und Schieberei klar wird, beschließt das Paar heimlich auszuziehen.

Zwielichtiges Milieu der Mutter Pinnebergs

Pinneberg und Lämmchen beziehen Mitte November eine kleine illegale Wohnung, die zum Möbellager des Tischlers Puttbreese gehört, die sich auf dem Vordach eines Kinos befindet und nur mit einer Leiter erreichbar ist. Die Situation im Kaufhaus wird immer härter, Verkaufsquoten müssen nun eingehalten werden, die Kollegen bekämpfen sich mit Intrigen. Doch in dem Kollegen Heilbutt, einem Anhänger der Freikörperkultur, hat Pinneberg einen Freund gefunden, der ihn auch mit

Pinnebergs bedrohter Arbeitsplatz im Kaufhaus

Geburt des Sohnes „Murkel"

seinen Verkaufszahlen unterstützt. Lämmchen stellt einen rigiden Haushaltsplan auf.

Nun wird im März 1931 der Sohn Horst, weiter „Murkel" genannt, geboren. Glück findet Pinneberg in der häuslichen Situation mit liebevoller Frau und dem Neugeborenen. Heilbutt und – völlig unerwartet – Jachmann unterstützen die junge Familie. Doch Jachmann verschwindet plötzlich, Heilbutt wird wegen Nacktfotos in einer Zeitschrift gekündigt. Pinneberg kämpft mit der Krankenkasse wegen Stillgeld. Der verfolgte Jachmann taucht für kurze Zeit in der Wohnung der Familie unter und deponiert dort seinen Koffer.

Kündigung Pinnebergs

Im September 1931 erhält Pinneberg die Kündigung; wegen seines erkrankten Kindes und durchwachter Nächte war er mehrfach unpünktlich. Auch kann er ohne Heilbutt die Verkaufsquote nicht erfüllen. Letzte Rettung sieht er in dem Kunden Franz Schlüter, einem Filmschauspieler. Doch diesen bedrängt er zu sehr zu einem Kauf. Daraufhin wird Pinneberg entlassen. „Alles, alles ist zu Ende." (S. 377)

Schnittmusterabteilung im Kaufhaus Wertheim, Berlin um 1925 – © AKG, Berlin

Nachspiel: „Alles geht weiter"

Ein Jahr nach der Kündigung – nun ist es November 1932 – wohnen die Pinnebergs wiederum illegal in einer Gartenlaube am Rande von Berlin, ca. 40 Kilometer von der Innenstadt entfernt. Lämmchen hält die Moral aufrecht, verbietet Pinneberg, Holz zu stehlen, und verdient nun zusätzlich Geld durch Näherei; Pinneberg zahlt vom kargen Arbeitslosengeld Mietschulden bei Puttbreese und Heilbutt ab, der nun einen Handel mit Aktfotos betreibt. Dafür muss Pinneberg den Weg nach Berlin auf sich nehmen. Von Heilbutt erfährt er, dass bei seiner Entlassung aus dem Warenhaus Mandel ein anonymer Brief, in dem er, Pinneberg, der SA-Mitgliedschaft bezichtigt werde, eine Rolle gespielt habe.

Wohnung in Gartenlaube, Arbeitslosigkeit

Jachmann taucht nach einem Jahr Gefängnis in der Laube auf, holt seinen bei Pinnebergs abgestellten Koffer ab und beschließt, wieder zu Mia, die ihn wegen Betrugs angezeigt hat, wegen ihrer guten finanziellen Lage zurückzukehren.

Murkel wächst und gedeiht, doch Pinneberg verliert immer mehr seinen Mut. Er sieht zunehmend verwahrlost aus, so dass ihn eines Abends ein Polizist vom Schaufenster eines Delikatessenladens der Berliner Glanzmeile „Friedrichstraße", auf der am Vortrag Krawalle stattgefunden haben, verweist. Dies ist der Tiefpunkt für Pinneberg. Doch als er wieder in die ärmliche Hütte im Schrebergarten kommt, gewinnt er angesichts von Frau und Kind „das alte Glück" (S. 425).

Tiefpunkt Pinnebergs durch soziale Deklassierung

„Das alte Glück"

Welterfolg des Romans

Fallada war vielen Lesern schon durch den 1931 erschienenen Roman *Bauern, Bonzen und Bomben* bekannt geworden. Doch der nächste Roman wird ein Welterfolg. Fallada ist inzwischen ein Mitarbeiter des Rowohlt Verlags. Durch das geschickte Marketing seines Chefs Ernst Rowohlt wird das Interesse an dem Buch gesteigert. Zunächst erscheint der Roman in Fortsetzungen als Vorabdruck in der *Vossischen Zeitung* (April – Mai 1932). Am Tag der letzten Fortsetzung erscheint das Buch im Handel.

Geschicktes Marketing

Bis Ende 1933 werden ca. 80 000 Exemplare gedruckt. Etliche Zeitungen veröffentlichen den Text als Fortsetzungsroman. Hunderte von Rezensionen erscheinen. Schon zur Zeit des Vorabdrucks wird an der deutschen Verfilmung gearbeitet. Ebenso wird der Stoff als Hörspiel im Radio gesendet, der Roman wird multimedial vermarktet.

Nachdem Fallada einige Veränderungen an seinem Text vorgenommen hat – der z. B. in der ersten Version negativ dargestellte Nationalsozialist Lauterbach wird nun in einen Torhüter des örtlichen Fußballvereins umgewandelt –, kann der Roman auch in der Zeit der nationalsozialistischen Herrschaft erscheinen.

Nach 1945 hebt der Roman sowohl in Ost- als auch in Westdeutschland erneut zum Siegeszug an – mit ihm als Nr. 1 wird die neue Reihe des Rowohlt Verlages „rororo" eröffnet. Bis heute ist der Roman in zwanzig Sprachen übersetzt.

Personen

> Erfolg des Romans aufgrund der dargestellten Kompensation der Wirtschaftskrise durch privates Idyll

Der Erfolg des Romans, wegen seiner Popularität häufig auch „Volksbuch" genannt, basiert auf dem leicht verständlich geschilderten sozialen Panorama und vor allem auf dem Kontrast zwischen der unwirtlichen Welt der Wirtschaftskrise und dem Idyll, das sich die Pinnebergs in ihrem privaten Raum gestalten bzw. herbeiwünschen. Die Charaktere der beiden Protagonisten und die der Randfiguren illustrieren Leben und Überleben in der Krisenzeit.

Johannes Pinneberg, genannt „der Junge", wird als „ein nett aussehender, blonder junger Mann" (S. 7) eingeführt. Diese Beschreibung deutet schon seine Harmlosigkeit und seine Angepasstheit an. Er kümmert sich um Lämmchen, später um den Murkel. Doch kann er nicht geschickt planen. Dreimal wird ihm gekündigt, jedes Mal kämpft er kaum dagegen an. Er ist eher passiv, fürchtet Konflikte und Auseinandersetzungen und neigt zu Selbstanklagen. Er unterwirft sich seinen Vorgesetz-

> Passivität Pinnebergs

ten. Solange er sich sicher ist, ist er ein erfolgreicher Verkäufer, aber er hält den zunehmenden Verkaufsdruck nicht aus, wird nervös und versagt. Wichtig sind ihm, der vaterlos aufgewachsen ist und den Kontakt mit seiner Mutter, der „Bardame", abgebrochen hat, freundschaftliche Beziehungen wie zu Heilbutt und vor allem sein Rückhalt bei Lämmchen und seiner kleinen Familie. Pinnebergs Protest gegen die auch von ihm als ungerecht empfundenen Verhältnisse bleibt unausgesprochen. Als Angestellter fühlt er sich den Arbeitern gegenüber überlegen, leidet aber auch an der daraus resultierenden Vereinzelung.

> „‚Solche wie wir', sagte Pinneberg, und war in der Stimmung, das ganz richtig zu finden, ‚fallen eben immer rein.'" (S. 236)

Er zählt sich zu den Anständigen, betont, dass seine Frau weder trinkt noch raucht. Doch als er schon lange arbeitslos ist, muss Lämmchen verhindern, dass er Holz stehlen geht. Als der Polizist ihn vom Schaufenster vertreibt, fühlt er sich aus der bürgerlichen Gesellschaft ausgestoßen. Er begreift, Selbstverständnis als anständiger Angestellter

> „daß er draußen ist, daß er nicht mehr hergehört, daß man ihn zurecht verjagt: ausgerutscht, versunken, erledigt. Ordnung und Sauberkeit: es war einmal. Arbeit und sicheres Brot: es war einmal. Vorwärtskommen und Hoffen: es war einmal. Armut ist nicht nur Elend, Armut ist auch strafwürdig, Armut ist Makel, Armut heißt Verdacht." (S. 412)

Verzweifelt kehrt er in den Schrebergarten zurück, er traut sich noch nicht in die Hütte, in der kalten Nacht steht er als „Busch unter Büschen" (S. 422) im Garten, als sei es nun sein Wunsch, seine Individualität auszulöschen, in die Natur zurückzukehren. Doch auch die Natur ist verletzt, er fühlt sich „wie ein verwundetes Tier". Lämmchen erlöst ihn aus seiner Starrheit und gibt ihm seine Selbstachtung zurück. Wunsch, der Deklassierung zu entfliehen

Selbstachtung durch Lämmchens Liebe

Emma Mörschel, genannt „Lämmchen", ist für viele Leser und insbesondere für viele Leserinnen zur Heldin des Romans geworden. Zunächst ist sie in der Führung des Haushalts sehr unerfahren, doch mit ihrer zupackenden Art lernt sie schnell. Sie besorgt die Wohnungen, sie knüpft die Kontakte, ist sanft und zäh zugleich. In der Zeit der Arbeitslosigkeit Pinnebergs geht sie nähen und bleibt optimistisch. Aus einer kommunistischen Familie stammend, registriert sie gesellschaftliche Konflikte schärfer als Pinneberg.

Lämmchen: Optimistisch und zupackend

Die **Nebenfiguren** werden oft überspitzt dargestellt, so z. B.
- Mia Pinneberg als lebenslustige, gierige, sinnliche Kontrastfigur zu Lämmchen – zwei gegensätzliche Muttertypen.
- Jachmann und Heilbutt als Gegenfiguren zu Pinneberg: Beide lassen sich trotz Gefängnisaufenthalt und Kündigung vom System nicht unterkriegen, bleiben geschäftlich erfolgreich.
- Heilbutt als Anhänger der Freikörperkultur hat hierin auch einen (scheinbaren) Rückzugsort gefunden. Dass Nacktheit und Freude am Körper auch keine Insel der Freiheit im wirtschaftlichen Gesamtsystem bedeuten, wird dreifach deutlich: Heilbutt wird deswegen gekündigt, lebt aber später vom Handel mit Aktbildern; eine jüdische Geschäftsfrau erörtert im Gespräch mit Pinneberg, ob sie aus geschäftlichen Gründen dem Verein beitreten soll.
- Pinnebergs Chef Bergmann, Kleinholz und der Rationalisierer Spannfuß im Kaufhaus Mandel verkörpern die sich verschärfende Situation in den Betrieben: Bergmann kümmert sich – wenn auch erfolglos – um das Schicksal Pinnebergs; Kleinholz ist launisch und lässt Pinneberg fallen, als dieser nicht seine Tochter heiraten möchte; im Kaufhaus Mandel geht es immer mehr um Rationalisierung und um das Gegeneinander-Ausspielen der Mitarbeiter.

Gegenfiguren zu den Pinnebergs

Soziale Lage der Pinnebergs
Wohnungssituation

Schon die unterschiedlichen Wohnungssituationen markieren den sozialen Abstieg des Paares. Es zieht zusammen in eine dunkle, muffige, aber regulär gemietete Wohnung auf dem Land ein, zahlt dann Untermiete im zwielichtigen Milieu von Pinnebergs Mutter, wechselt in eine gemütliche, aber polizeilich nicht genehmigte Wohnung, die nur über eine Leiter erreichbar ist, was für das schwangere Lämmchen nicht einfach ist. Pinnebergs sind am Ende dankbar, in Heilbutts Laube außerhalb Berlins unterzukommen.

Funktion der jeweiligen Wohnungen

Der soziale Raum wird immer kleiner, das Geld immer weniger.

Idylle

Pinnebergs ziehen sich immer mehr auf sich selbst zurück. Die Wohnung auf dem Vordach eines Kinos ist kaum auffindbar, ein ideales Versteck bietet sie auch z.B. für Jachmann. Die Welt draußen, die Straßenkämpfe, die Arbeitslosen sind zur Aufrechterhaltung der Idylle der Familie ausgeschlossen. Familie und Wohnung sind für Pinneberg die Gegenwelt zu Demütigungen in der Berufswelt, in der Welt des Kapitals. Der letzte Satz des Romans lautet:

Ausschluss der Außenwelt

> „Und dann gehen sie beide ins Haus, in dem der Murkel schläft." (S. 425)

Die Benennung der Protagonisten in „der Junge" und „Lämmchen" unterstreichen in dieser verniedlichenden Form die Sehnsucht nach Rückzug, nach kindlicher Geborgenheit, nach Reinheit und Unschuld („Lämmchen").

Sehnsucht nach Unschuld

Das Glück findet sich in der Einsamkeit, vor den Toren der Stadt. Das private Glück verlangt nicht nach den Massenvergnügungsstätten, die für die beiden ja auch gar nicht bezahlbar sind. Das Scheitern in der ökonomischen Welt wird durch familiäres Glück ausgeglichen. Fallada schildert in seinem Roman kein Ausnahme-

Ausgleich ökonomischen Scheiterns durch familiäres Glück

schicksal. In den frühen Dreißigerjahren mussten viele Menschen ihre Wohnungen aufgeben, kamen in Asylen unter, waren auf Wanderschaft oder bewohnten behelfsmäßig ausgebaute Laubenkolonien.

Haushaltspläne
Doch auch der scheinbar idyllische Rückzugsort der Familie unterliegt dem ökonomischen Kalkül. Schon die Diagnose der Schwangerschaft führt zu ängstlichen finanziellen Planungen; das Kapitel, das die Nacht nach der „Verlobungsfeier" schildert, trägt die Überschrift: „Geschwätz in der Nacht von Liebe und Geld". Die Hochzeitsfeier fällt aus, es muss gespart werden. Immer wieder stellt Lämmchen akribische Haushaltspläne auf; ihr Alltag besteht aus permanenter Kalkulation. Lämmchens Wunsch nach einer Frisierkommode kommt Pinneberg nach, fast sein ganzes Monatsgehalt muss er dafür bezahlen. Doch dieses Loch im Haushaltsplan hat eine symbolische Bedeutung: Die Frisierkommode ist unnötig, markiert aber als bürgerliches Möbelstück etwas Luxus und zeigt den Aufstiegswillen Lämmchens an.

Politisches Bewusstsein Pinnebergs: Kommunisten – Nationalsozialisten
Politische Ereignisse bzw. die zunehmende Polarisierung der radikalen Bewegungen werden nur am Rande beschrieben. Lämmchen sympathisiert aus der Familientradition heraus mit den Kommunisten. Aber es finden kaum Gespräche diesbezüglich zwischen den Pinnebergs statt. Auch Lauterbach, der sich nur „aus Langeweile" den Nationalsozialisten angeschlossen hat, wird zwar von Pinneberg als Schläger wahrgenommen, aber die faschistische Gefahr wird Pinneberg nicht richtig deutlich.

Als Lämmchen ihr Kind bekommt, lernt Pinneberg die Absurditäten des Versicherungssystems kennen. Geburt und Ökonomie, Menschwerdung und wirtschaftliche Zwänge sind eng miteinander verquickt. Als er auf der Entbindungsstation auf Lämmchen wartet, unterstellt

---

Beziehungen durch ökonomisches Kalkül geprägt

Frisierkommode – Symbol sozialer Unterscheidung

Politische Polarisierung im Hintergrund

er den Schwestern, dass sie die im Auto vorgefahrenen anderen werdenden Väter bevorzugt behandeln:

> „Er steht da und sieht finster vor sich hin. So fängt es an, und so wird es weitergehen, es ist ganz umsonst, daß man denkt, ein neues, helles, sonniges Leben fängt an, es geht immer so weiter wie bisher." (S. 284)

Pinneberg resigniert, hat keine Vision und keine Kraft, sich für eine humanere Gesellschaft zu engagieren. Als er sich ungerecht von der Krankenversicherung behandelt fühlt, hat er den Wunsch, „[d]aß wir anständig behandelt werden müssen, daß wir Menschen sind" (S. 309), und sagt dann halblaut, dass er das nächste Mal die Kommunisten wähle.

Aber es erfolgt keine weitere Schärfung seines politischen Bewusstseins, rechte und linke Gruppen sind für ihn eigentlich dasselbe. Nach einem Straßenkampf oder einer Schlägerei registriert Pinneberg:

> „Da fahren sie hin in ihrem Polizeiflitzer. Also Krach hat es wieder mal mit den Kommunisten gegeben oder mit den Nazis, die Brüder haben doch Courage. Eine Zeitung würde er auch gerne mal wieder lesen, man weiß nicht mehr, was passiert." (S. 403)

Pinnebergs Resignation

Angestellte – Proletarier – Arbeitslose

Pinnebergs wenig reflektierter politischer Haltung entspricht auch sein Selbstverständnis als Angestellter. In der Auseinandersetzung mit seinem proletarischen Schwiegervater wird deutlich, dass die Arbeiter besser organisiert sind als die Angestellten, besser verdienen und untereinander solidarischer sind als die Angestellten. So hätten die Eltern Mörschel auch lieber einen Arbeiter zum Schwiegersohn. Pinneberg jedoch ist stolz auf seinen Stand, auch wenn er rein ökonomisch den Arbeitern unterlegen ist, weniger verdient als sie, Überstunden nicht bezahlt bekommt.

Pinneberg besteht auf den symbolischen Unterscheidungsmerkmalen der Angestellten, wie z. B. auf den weißen Gardinen im eigenen Zuhause. Als er sich später

Symbole der Angestellten

seine unsichere Arbeitssituation im Kaufhaus Mandel bewusst macht, ist es ihm wichtig, sich in einem Park von dem grauen Heer der Arbeitslosen abzugrenzen.

> „Massen von Menschen sind da, grau in der Kleidung, fahl in den Gesichtern, Arbeitslose, die warten, sie wissen selbst nicht mehr auf was, denn wer wartet noch auf Arbeit –?" (S. 156 f.)

Einsicht in ökonomische Lage

Pinneberg fühlt sich äußerlich nicht zu den Arbeitslosen gehörig („fein in Schale", S. 157), doch innerlich ist ihm, dem gerade Eingestellten, klar, dass er viel eher zu diesen Nichtverdienern gehört als zu den Großverdienern. Er ist einer von diesen, jeden Tag kann es kommen, dass er hier steht wie sie, er kann nichts dazu tun. Nichts schützt ihn davor.

> „Ach, er ist ja einer von Millionen, Minister halten Reden an ihn, ermahnen ihn, Entbehrungen auf sich zu nehmen […].
> Er tut es und er tut es nicht, je nachdem, aber er glaubt denen nichts. Gar nichts. Im tiefsten Innern sitzt es, die wollen alle was von mir, für mich wollen sie doch nichts. Ob ich verrecke oder nicht, das ist ihnen ja so egal […]." (S.157 f.)

Stehkragen

Noch trägt er, der „Stehkragenprolet", den weißen Stehkragen – Zeichen der sozialen Distinktion zum Arbeiter –, er trägt er ihn auch noch, als er schon lange arbeitslos ist. Nachdem sein ehemaliger Vermieter Puttbreese ihn verhöhnt, dass er nach einem Jahr der Arbeitslosigkeit immer noch den immer dreckiger gewordenen Stehkragen trägt, sieht er sich im Spiegel an, nimmt seine heruntergekommene Kleidung wahr und entfernt das letzte Zeichen seines Angestelltendaseins, den Stehkragen. Pinneberg bezieht also nicht klar politische Stellung und flieht in seine kleinbürgerliche Idylle.

Fallada kannte Kracauers 1929 erschienene Studie *Die Angestellten*. Kracauer analysiert die schlechte materielle Lage der Angestellten, ihre Formierung durch Kino und Zeitschriften zu einem durchschnittlichen Typus, betont aber auch, dass sie sich – wie andere „untere" Volksschichten – den „Forderungen der rationalisierten Wirtschaft mangels formaler Bildung" nicht völlig anpassen. Dennoch werden sie vom Gesamtsystem überrollt, ihr Widerstand wird erstickt. Kracauer betont das falsche Bewusstsein der Angestellten, den ihrer objektiven wirtschaftlichen Situation nicht entsprechenden Standesdünkel: „Eine verschollene Bürgerlichkeit spukt in ihnen nach." Im Gegensatz zum Arbeiter ist der Angestellte nach Kracauer „geistig obdachlos geworden" – die bürgerliche Wertewelt ist für ihn angesichts seiner Armut unangemessen. Fallada thematisiert in den Gesprächen Pinnebergs mit Mörschel und Puttbreese Aspekte dieser Studie. Der Titel mit der Frage „Kleiner Mann – was nun?" betont die Ratlosigkeit des deklassierten Angestellten.

Kracauer: Geistige Obdachlosigkeit der Angestellten

Kino

Das neue Medium Kino, auch ein Gegenstand von Kracauers Analysen moderner Oberflächenphänomene (siehe S. 17 f.), spielt im Roman mehrfach eine Rolle.
- Bei der Erstellung des ersten Haushaltsplans wünscht sich Pinneberg einen Kinobesuch.
- Durch die späten Anfangszeiten des Kinos (acht Uhr abends) und den frühen Schluss des sonntäglichen morgendlichen Gottesdienstes bleibt Lauterbach zu viel freie Zeit und so schließt er sich den Nationalsozialisten an.
- Pinnebergs wohnen zeitweise über dem Saal eines Kinos, können sich aber den Besuch eines solchen nicht leisten.
- Jachmann lädt das Paar einmal ins Kino ein; im Stummfilm wird eine Alltagssituation „kleiner Leute" präsentiert: Um seiner Ehefrau einen Wunsch zu erfüllen, pumpt sich der Ehemann vom befreundeten Volontär, der der Sohn des Bankdirektors ist, Geld. Die Frau glaubt, er habe das Geld für sie gestohlen, sie verfällt in einen Kaufrausch. Als das Geld zur Neige geht, soll der Mann wieder stehlen. Das will er nicht,

auch leiht ihm der Volontär kein Geld mehr. Als dieser die Frau kennenlernt, entspinnt sich zwischen beiden eine Liebesgeschichte, die Frau erfährt die Wahrheit über ihren Mann und lacht ihn aus. Die Handlung des Films spiegelt die wirtschaftliche Ohnmacht des kleinen Mannes und die Abhängigkeit von Sex und Liebe von der Finanzkraft des Mannes. Pinneberg identifiziert sich mit der männlichen Hauptperson des Films, dargestellt vom Schauspieler Franz Schlüter.

Verschränkung von Kino und Leben

– Die Folgen dieses Kinobesuchs sind für Pinneberg fatal. Als der Verkaufsdruck im Kaufhaus Mandel immer größer wird, erscheint Franz Schlüter als Kunde, der lediglich Anzüge für eine neue Rolle ausprobieren, aber nicht kaufen möchte. Pinneberg fleht ihn an zu kaufen, aufgrund seiner Rolle als „kleiner Mann" müsse er doch wissen, wie es ihm ergehe. Pinnebergs Verwechslung von „Kintopp und Leben" beschleunigt die Kündigung.

– Die Kapitelüberschriften imitieren die Inserts von Stummfilmen.

Literarische Techniken

Der leicht lesbare Roman orientiert sich an der Alltagssprache. Konkrete Zeitangaben, die Aktualität der Geschehnisse, authentische Straßennamen, detaillierte Beschreibungen von Alltagsgegenständen ermöglichen der zeitgenössischen Leserschaft eine Identifikation mit den beiden Protagonisten. Die Einteilung in vier Teile und in viele kleine Kapitel mit den den Inhalt andeutenden oder vorwegnehmenden Überschriften erleichtern das Lesen. Auch wird fast nur ein Handlungsstrang ausgeführt, es gibt keine Nebenschauplätze. Die Zeitsprünge (z. B. zwischen dem dritten und vierten Teil) sind übersichtlich.

Einladung zur Identifikation

Leichte Lesbarkeit

Fallada hat keinen Bericht verfasst. Durch den auktorialen Erzähler wird an einigen Stellen das Geschehen kommentiert. Im folgenden Textbeispiel imitiert der Erzähler auch die Fahrt einer Kamera:

Erzählhaltung

„Von weitem sieht eine Ehe außerordentlich einfach aus; zwei heiraten, bekommen Kinder. Das lebt zusammen, ist möglichst nett zueinander und sucht vorwärts zu kommen. Kameradschaft, Liebe, Freundlichkeit, Essen, Trinken, Schlafen, das Geschäft, der Haushalt, sonntags ein Ausflug, abends mal Kino! Fertig.
Aber in der Nähe löst sich die ganze Geschichte in tausend Einzelprobleme auf. Die Ehe, die tritt gewissermaßen in den Hintergrund, die versteht sich von selbst, ist die Voraussetzung, aber beispielsweise: wie wird das nun mit dem Schmortopf?" (S. 41)

Das konkrete Detail rückt in den Vordergrund der Betrachtung, standardisierte Lebensmuster reiben sich an Einzelfragen ökonomischer Natur – ein Schmortopf ist für die frisch verheirateten Pinnebergs kaum finanzierbar.
Doch häufig verschwindet der auktoriale Erzähler hinter den Figuren, Pinnebergs Gedanken werden an einigen Stellen im inneren Monolog oder als erlebte Rede dargestellt. Dominant jedoch ist die Form des Dialogs.

Rezeption des Romans

In der Literaturkritik sorgt *Kleiner Mann – was nun?* für große Kontroversen – einerseits als kitschig verrissen, als Träger falscher kleinbürgerliche Ideologie entlarvt, andererseits als trostspendendes humanes Werk und als Feier der Liebe gepriesen.
Zeitgenössische Literaten und Kritiker, Philosophen wie Adorno und Ernst Bloch haben sich mit dem Roman auseinandergesetzt. Hier ein Überblick über zentrale Argumentationen der zweigeteilten Kritik.
Die Rezensionen, die dem Werk positiv gegenüberstehen, betonen

– die Authentizität des Werks (Thomas Mann, Hermann Hesse)
– die Darstellung vieler sozialer Milieus
– die Darstellung von Arbeitslosigkeit nicht nur als graues Schicksal, sondern auch mit dem Glanz der Liebe, mit dem Triumph des Lebens versehen (Carl Zuckmayer)

Positive Rezensionen

- die Enthüllung der Funktionsweisen des Kapitalismus
- die Absage an Radikalismus
- die realistische Darstellung
- den Charakter der Dichtung, z. B. durch die Schilderung von Lämmchen
- die Parteinahme für die kleinen Leute, für die sozial Schwachen
- die realistische Darstellung der Angestellten, weil Fallada aus eigener Erfahrung diesen Bereich kennt, selbst Angestellter war
- die gelungene satirische Darstellung der Nebenfiguren

Marxistisch orientierte Negativkritik

Diejenigen Rezensionen, die das Werk aus der linken bzw. marxistischen Perspektive beleuchten, nennen als negative Punkte der Kritik:
- keine Warnung vor den Gefahren des Faschismus
- Pseudoromantik des Spießertums
- Gleichstellung von Kommunisten und Nationalsozialisten
- Vergoldung der Arbeitslosigkeit, guter Unterhaltungsroman, aber bedenklich als Vorbild, Erfolg durch Darstellung einer Lebenslüge (Herbert Ihering)
- Fehlen von Gesellschaftskritik
- naive Darstellung des Menschen als wehrlose Kreatur

Nach 1945 setzte sich die Zweiteilung der Rezeption des Romans fort. In der DDR wird der 1947 verstorbene Autor aufgrund realistischer Darstellungsweise und der Liebe zu den kleinen Leuten geehrt.

Bezug zur Neuen Sachlichkeit

Sujets und Stilmittel der Neuen Sachlichkeit

Sieht man Neue Sachlichkeit primär als Stilkategorie, als ästhetische Kategorie an, ergeben sich zwei Perspektiven auf den Roman. Einerseits weist er Momente der Sujets und der Stilmittel der Neuen Sachlichkeit auf (z. B. Zeitroman, Angestelltendasein, Alltagssprache, Verständlichkeit; nüchterne, dokumentarische Partien wie Lämmchens Haushaltspläne), andererseits laden die emotionalen Darstellungen der Hauptfiguren viele Leser mit ähnlicher Mentalität zur Identifikation ein.

Die Desorientierung Pinnebergs, die keine klare politische Parteinahme zulässt, entspricht den Vorstellungen der Vertreter der Neuen Sachlichkeit, der Leserschaft keine Vorgaben an die Hand zu geben.

Fallada selbst wiederum wollte keine „Zeitromane" schreiben, er war daran interessiert, zeitlose menschliche Probleme darzustellen.

Überblick über das frühe Werk Marieluise Fleißers

In der zweiten Hälfte der Zwanzigerjahre wird noch vor Irmgard Keun eine andere junge Autorin bekannt, die als eine der Hauptvertreterinnen der Neuen Sachlichkeit gilt: Marieluise Fleißer (1901–1974). Jedoch ist hier von der Sehnsucht nach Glanz und Glamour, den Doris, das „kunstseidene Mädchen", auszeichnete, nichts zu spüren. Bigotterie, Scheinheiligkeit in der Provinz, Lust, Gewalt und sozioökonomische Zwänge in der Beziehung zwischen Mann und Frau sowie Probleme der Pubertät sind die Themen der frühen Erzählungen. Ihr Theaterstück *Fegefeuer in Ingolstadt* und das skandalumwitterte Drama *Pioniere in Ingolstadt* tragen wesentlich zu ihrem frühen Ruhm am Ende der Weimarer Republik bei.

Biografie

Marieluise Fleißer wird 1901 in Ingolstadt (Oberbayern) als Tochter eines Eisenwarenhändlers geboren. Sie wächst mit mehreren Geschwistern in einem kleinbürgerlich-provinziellen Milieu auf. Fast ihr ganzes Leben verbringt sie in Ingolstadt. Großstädte lernt sie durch ihr Studium in München und Aufenthalte in der Metropole Berlin kennen.

Marieluise Fleißer fällt schon früh in der Schule durch

Kleinbürgerliches, provinzielles Milieu in Ingolstadt

gute Leistungen auf. So wird sie 1914 nach Regensburg auf ein katholisches Gymnasium mit klösterlichem Internat geschickt, in das „Institut der Englischen Fräulein". Dies ist damals die einzige Möglichkeit für ein Mädchen in Bayern, das Abitur zu erlangen. Die Eltern tragen die hohen Kosten der Schule. Teilweise übernimmt der Vater – die Mutter ist früh gestorben – auch die des folgenden Studiums der Literatur in München. Marieluise erfährt als einziges der insgesamt fünf Kinder dieses Privileg.

Studium in München

Im Studium hört sie vor allem theaterwissenschaftliche Vorlesungen, sie fängt an zu schreiben und verkehrt in Münchner Künstlerkreisen. Folgenschwer ist die Bekanntschaft mit dem Journalisten und Schriftsteller Lion Feuchtwanger im Jahre 1922. Fleißer kommt nun mit einem großbürgerlichen Milieu in Berührung, lernt Schwabinger Freizügigkeiten kennen. Feuchtwanger, mit den wichtigsten Literaten seiner Zeit in Verbindung, fördert sie, will sie (so zumindest der Legende nach) von ihrem bisherigen wohl mehr expressionistischen Schreibstil abbringen und rät ihr zu mehr „Sachlichkeit". Außerordentlich folgenreich ist sein Ratschlag, die Werke von Brecht zu lesen.

Begegnung mit Feuchtwanger, der ihr zur sachlichen Schreibweise rät

Es bleibt nicht bei der Lektüre. Die Uraufführung von Brechts Stück *Trommeln in der Nacht* 1922 in München wühlt sie auf; sie ist fasziniert vom Werk und vom Autor, den sie etwas später kennenlernt. Sie bricht ihr Studium ab, um nur noch zu schreiben. Brecht und Feuchtwanger verlassen 1925 München und gehen nach Berlin.

Begegnung mit Brecht, Umzug nach Berlin

Fleißer orientiert sich nun auch mehr nach Berlin. Dort trifft sich mit dem mächtigen Literaturkritiker Herbert Ihering, der ihr zur Publikation neuer Erzählungen verhilft. Sie lebt 1926 teilweise in Brechts Wohnung. Dieses Jahr ist für sie ein sehr produktives, ihr Theaterstück *Fegefeuer in Ingolstadt* wird uraufgeführt. Mit 24 Jahren erfährt Fleißer ihren großen Durchbruch als Autorin.

Nach wohl einschneidenden Enttäuschungen durch Brecht – Genaueres ist nicht bekannt – versucht sie sich von ihm und seinem Zirkel zu lösen. Sie kehrt zurück in ihre Heimat Ingolstadt, verlobt sich mit ihrem langjährigen Verehrer, dem Sportschwimmer und Tabakhändler Josef Haindl, um sich ein Jahr später wieder von ihm zu trennen. Sie verlobt sich im selben Jahr, 1929, nochmals, dieses Mal mit einem exzentrischen Mann, der in vielen Punkten der Gegenpol zu Brecht ist: der erfolglose rechtskonservative Schriftsteller Hellmut Draws-Tychsen. In diesem Jahr sorgt Brecht mit einem Theaterskandal, den seine Version von Fleißers zweitem Stück *Pioniere in Ingolstadt* nach sich zieht, für die weitere Bekanntheit Fleißers, aber auch für zunehmende Kritik in ihrer Heimatstadt als „Nestbeschmutzerin".

Theaterskandal: *Pioniere in Ingolstadt*

Mit ihrem neuen Verlobten reist sie durch Europa. Sie verfasst Reiseberichte und das satirische Stück *Der Tiefseefisch* mit Seitenhieben auf die Mechanismen der literarischen Gesellschaft. Ihr einziger Roman *Mehlreisende Frieda Geier* (später unter dem Titel *Eine Zierde für den Verein*) erscheint 1932.

Fleißer ist nie begütert. Zur Zeit der Inflation 1923 leidet sie Hunger und kann nur mit der Unterstützung eines Freundes überleben. Die Veröffentlichung ihrer Texte in der Weimarer Republik ermöglicht es ihr, in bescheidenem Umfang vom Schreiben zu leben. Doch nun zerrt ihr neuer Verlobter sowohl an ihrer materiellen als auch an ihrer seelischen Substanz. Sie distanziert sich von ihren früheren Schriften, vom Brecht-Kreis und von allem, was „links" sein könnte. Nach einigen Jahren trennt sie sich von der selbstzerstörerischen Beziehung, an deren Folgen sie noch lange leidet. Sie kehrt endgültig, nun wieder verarmt, nach Ingolstadt zurück. Drei Jahre später heiratet sie ihren früheren Verlobten Josef Haindl und arbeitet in dessen Tabakwarengeschäft mit.

Rückkehr nach Ingolstadt

In der Zeit des Nationalsozialismus bleibt Fleißer in ihrer bayerischen Heimat. Sie schreibt weiter, z. B. das Drama *Karl Stuart*. Belastungen durch die politische Atmosphäre, die durch Draws-Tychsen verstärkten, tiefsitzenden Selbstzweifel, die Verunsicherung durch die Isolation – viele Literaten sind emigriert – und eine unglückliche Ehe führen 1938 zu einem Nervenzusammenbruch. Am

Ende des Krieges wird sie zur Arbeit in einer Rüstungsfabrik zwangsverpflichtet.

Nach dem Krieg erscheinen neue Erzählungen. Durch Fürsprache Brechts wird 1950 Fleißers Stück *Der starke Stamm* uraufgeführt. Sie erhält einige Literaturpreise, doch kann sie nicht mehr an ihre Erfolge vor 1933 anknüpfen.

Die Schaubühne Berlin führt 1965 ihr Stück *Der starke Stamm* auf. Der Dramatiker Martin Sperr ist beeindruckt, in der Folge verfasst er sozialkritische „Volksstücke" wie *Jagdszenen aus Niederbayern*.

<small>Erneutes Interesse am Werk Fleißers durch Fassbinder, Sperr und Kroetz</small>

Der Filme- und Theatermacher Rainer Werner Fassbinder bearbeitet 1968 ihr Stück *Pioniere in Ingolstadt*. Durch seine – zunächst von ihr nicht autorisierten – Neufassung wird Marieluise Fleißer nun vielen bekannt. Einen ihrer letzten Texte – „Alle meine Söhne" – widmet sie den von ihr beeinflussten neuen Autoren: Martin Sperr, Franz Xaver Kroetz, Rainer Werner Fassbinder. Zwei Jahre vor ihrem Tod erscheinen ihre *Gesammelten Werke*. Dafür arbeitet sie etliche ihrer früheren Erzählungen und den Roman um. Marieluise Fleißer stirbt 1974 in Ingolstadt. Irmgard Keun wird als Erster der Marieluise-Fleißer-Preis im Jahre 1981 verliehen.

Fleißers frühe Erzählungen und Theaterstücke

<small>Ständige Überarbeitung ihrer Werke</small>

Immer wieder hat Marieluise Fleißer ihre Werke überarbeitet. Als in ihren letzten Jahren die *Gesammelten Werke* erscheinen sollen, unterzieht sie fast alle ihrer Texte einer Revision, ändert z.B. Titel, Namen der Protagonisten, verändert ganze Handlungsstränge. Autobiografische Elemente und Fiktion verschmelzen sowohl in ihrer Prosa als auch in den Texten, die sie als Wiedergabe von selbst Erlebtem ausgibt. Von vielen Texten existieren also verschiedene Druckfassungen.

<small>Autobiografische Elemente</small>

Ihre ersten Erzählungen hat Marieluise Fleißer nach der Kritik von Lion Feuchtwanger verbrannt. Die Erzählungen, die sie Mitte bis Ende der Zwanzigerjahre verfasst, lassen sich der Strömung der Neuen Sachlichkeit zuordnen. In einem Rundfunkinterview im Jahre 1973 erinnert sich Fleißer, dass Lion Feuchtwanger gesagt habe,

> „man schreibe heute Neue Sachlichkeit, und da habe ich mich bemüht, das zu schreiben, was ich mir unter Neuer Sachlichkeit vorstellte."

Neben den Erzählungen hat sie bis zu Beginn der NS-Zeit einen Roman und einen Reisebericht (*Andorranische Abenteuer*, 1932) veröffentlicht. Der Roman *Eine Zierde für den Verein* erschien 1931 unter dem Titel *Mehlreisende Frieda Geier. Roman vom Rauchen, Sporteln, Lieben und Verkaufen*. Der Untertitel blieb in der Neubearbeitung von 1972.

Mit den frühen Theaterstücken *Fegefeuer in Ingolstadt* (1926 verfasst, Erstdruck 1972) und *Pioniere in Ingolstadt* (1928) ist sie bekannt geworden. Sie ist die einzige der hier vorgestellten Autorinnen und Autoren, die sich auch in Essays mit ihrer Kunstauffassung auseinandergesetzt hat.

Theoretische Darstellung ihrer Kunstauffassung

Fleißers Essays

In einigen Texten reflektiert Fleißer die theoretischen Voraussetzungen ihrer Schreibweise. Ihre frühen kurzen Essays geben Aufschluss über ihr Menschenbild, über ihre Vorstellung von Literatur und über ihr literarisches Vorbild, den Novellisten und Dramatiker Heinrich von Kleist (1777–1811).

„Der Heinrich Kleist der Novellen"

Zu Beginn dieses Essays aus dem Jahr 1927 nähert sich die Autorin der verehrten Stilikone Kleist, indem sie sich Kleists Muskelarbeit während des Prozesses des Dichtens vorstellt. Sie versucht, sich Kleists Reaktionen auf Reize der Außenwelt auszumalen. Dabei beschreibt sie mögliche äußere Verhaltensweisen des Dichters und versucht aus dem Geist des Behaviorismus (siehe S. 14) heraus nicht, sich dessen Gefühlswelt vorzustellen. Fleißer verehrt an Kleists Novellen den sachlichen Stil,

Verehrung für Kleists sachlichen Stil

die Konzentration des Erzählten auf die für die Entwicklung der Handlung notwendigen Schritte. Nachdem Kleist – so Fleißer – im ersten Satz den Kern der Handlung darlegt, führt der sich anschließende sachliche Bericht genau auf, welche Taten unter welchen Umständen mit welchem Resultat der Protagonist der Erzählung ausgeübt hat. Kleists Verzicht auf atmosphärische Beschreibungen dient der Dichtheit in der Beschreibung des Gangs der Handlung: „Er geht mit seinem Stoff um wie mit einem Motor, dem er nach Belieben den höchsten Gang gibt, um ihn dann wieder abzudrosseln." Auf die Erzählungen übertragen heißt das, dass z. B. Handlungsstränge und Personen nicht weiter dargestellt werden, wenn dies nicht dem Interesse des Lesers dienlich sei.

Kleist als Gegenfigur zum trägen Massenmenschen

Fleißer betont, dass Kleist dennoch kein neutraler Berichterstatter sei, sondern seine Texte mit seiner inneren Haltung versehe. Auch habe Kleist eine „sachliche Lust" an dem nicht lösbaren Zusammenprall zweier gegensätzlicher Prinzipien, dem Recht des Individuums und dem Recht des Kollektivs.

Fleißer sieht Kleist nicht nur stilistisch als Vorbild, sondern auch als Mensch. Seine Natur, die zum Extremen neigt, die den „seelischen Widerstand" und die Trägheit überwinden kann, stehe im Gegensatz zum modernen trägen Massenmenschen.

Kleist dient Fleißer als Vorbild bei der Konstruktion einer Erzählung, in der alle Handlungsstränge notwendig wie ein Räderwerk ablaufen. Sie kritisiert jedoch, dass er gerade kein neutraler Berichterstatter ist, sondern die Handlungen aus seiner Lebenshaltung heraus darstelle und damit auch emotionale Betroffenheit zeige.

„Sportgeist und Zeitkunst"

Ganz im Geist der Neuen Sachlichkeit propagiert Marieluise Fleißer in dem „Essay über den modernen Menschentyp" – so der Untertitel – aus dem Jahr 1929 den Sportsmann als Vorbild für den Künstler bzw. für den neuen Menschentypus der Neuen Sachlichkeit. Dabei bezieht sie sich auf den Sportsgeist, auf die innere Einstellung, die man aufweisen muss, wenn man im Sport zu Höchstleistungen fähig sein will. So gehöre zur Mentalität eines Sportlers

Sportliche Einstellung als Vorbild für Künstler und Intellektuelle

– eine aggressive Einstellung zum eigenen Körper
– ein den Körperwiderstand überwindender Wille
– Kampf und Hochspannung als Lebensgefühl
– ein Wille zum Training, da eine einmal erreichte sportliche Leistung nicht bleibend ist
– Entschlossenheit und Zielgerichtetheit des Handelns
– Kaltblütigkeit, Kontrolle, Tempo
– Fleißer beklagt, dass die zeitgenössischen Künstler einem veralteten Lebensgefühl nachhängen und die Jugend nicht mehr erreichen. So gilt der Sportsmann als neues Ideal. Auch zeugten die vollen Sportarenen im Unterschied etwa zu den eher leeren Museen von der Attraktivität des Sports und der damit verbundenen Einstellung. Fleißer verwendet das Motiv des Sports auch in ihrem Roman, wie dessen Untertitel deutlich macht.

Die Werte des Sports sind Bestandteil der Programmatik der Neuen Sachlichkeit; Brecht nimmt darauf Bezug und bewirkt, dass ein Sportgedicht seines Freundes Hannes Küpper, Sportradfahrer und Herausgeber einer Zeitschrift, bei einem Lyrik-Wettbewerb preisgekrönt wird (siehe S. 16). Insgesamt unterstreichen diese Ideale eine sachliche, nüchterne Einstellung, die sich gegen Sentimentalitäten richtet. Auf künstlerische Produktion übertragen richtet sich Fleißer damit gegen Weltschmerz-Literatur, gegen eine Kunst, die die Sinnlosigkeit des Daseins zum Thema hat, gegen expressionistische Kunst. Sportliche Einstellung soll „erstickte Kräfte" befreien.

Ideal einer nüchternen Einstellung

Exemplarische Analyse einiger Erzählungen Marieluise Fleißers

„Ein Pfund Orangen"

Diese Erzählung wählt Fleißer zur Titelgeschichte ihres ersten Buches, das 1929 erscheint und insgesamt zehn Erzählungen enthält. Alle Geschichten handeln von jungen naiven Mädchen, die durch eine Beziehung mit einem Mann seelisch zugrunde gehen; in „Ein Pfund Orangen" geht die Verstörung bis zum Selbstmord. Diese Geschichte ist um 1926 in Ingolstadt entstanden. Nach Angaben der Autorin sind hier Eindrücke ihrer Münchner Studentenzeit verarbeitet; auch Marieluise Fleißer litt Hungersnot in der Zeit der Inflation um 1923. Zuerst ist die Geschichte 1926 publiziert worden.

Frühe Erzählungen: Zerstörung naiver Mädchen durch Männerbeziehungen

Inhalt

Ein junges, schwermütiges Mädchen lebt allein und zurückgezogen in ärmlichen Verhältnissen und muss für sich selbst sorgen. Sie hofft, ihr Leben durch eine Heirat ändern zu können. Auch erwartet sie von einer Beziehung zu einem Mann eine Verbesserung ihres Lebensstandards. Aufgrund ihrer armseligen Kleidung, aus der sie herausgewachsen ist, befürchtet sie, keinen Liebhaber zu finden. Dennoch lernt sie einen Mann kennen, dessen Härte sie zunächst fasziniert.

Doch ihre Erwartungen werden zunehmend enttäuscht. Ihr Elend vergrößert sich, sie findet keinen Halt in der Beziehung, sie verarmt noch mehr und hungert. Das einzige Mittel, jetzt noch zu überleben, sieht sie im Vergessen ihres Mädchentraums. Noch kann sie sich am Gesang der Vögel erfreuen, an der Sonne und an den Hüten der anderen Mädchen. Sie leidet darunter, dass sie nur noch ein einziges Kleid besitzt.

Verarmung durch Beziehung zu einem Mann

Um ihrem Freund eine Abwechslung zu bieten, kürzt sie dieses Kleid. Das kurze Kleid verlangt nun neue Strümpfe, die sie sich vom Munde abspart – sie kosten so viel wie die Nahrungsmittel für eine Woche. Doch gerade jetzt lässt ihr Freund auf sich warten.

Als sie ihm einen Überraschungsbesuch abstattet, verabschiedet dieser sich gerade von einem anderen Mädchen, vor der er seine alte Freundin verleugnet. Dies hindert ihn jedoch nicht, diese wieder wie zuvor in ihrer Wohnung zu besuchen. Er versucht, ihr das Verhältnis mit dem anderen Mädchen als ein aus seiner Sicht rein materiell gewinnbringendes zu erklären. Sie verhält sich zunächst distanziert, aber sie kann ihm nicht widerstehen, weil sie – unerfahren wie sie ist – denkt, dass keine andere Liebesbeziehung in ihrem Leben mehr möglich sei. Der Mann nimmt sie mit Gewalt, nun ist sie nicht mehr fasziniert, sondern bleibt verwirrt zurück.

Ihr Elend ist so groß, dass sie einen Selbstmord plant und aus dem Fenster springen möchte, mit einem Bild von ihm in ihrer Hand. Da bemerkt sie, dass das Bild, das sie ihm einst gestohlen hat – nie hat er ihr eines geschenkt –, nicht mehr in ihrer Manteltasche steckt. Stattdessen findet sie etwas Kleingeld, von dem sie sich noch etwas vor ihrem Tod gönnen möchte. Sie erwirbt einige Orangen und legt sie zu Hause auf dem Tisch zu einem Kranz zusammen. Nun lächelt sie wieder. Sie erinnert sich, dass sie die letzten Orangen in der Zeit, in der sie noch nicht mit ihrem Freund zusammen war, gegessen hat. Seitdem – das wird ihr nun bewusst – besitzt sie kaum noch Geld. Da erreicht sie der Geruch der Orangen nicht mehr, sie wird wieder schwermütig. Gefühle des Selbstekels, der Resignation und des Erstickens überkommen sie erneut und sie nähert sich dem Fenster, dessen magnetischer Wirkung sie sich nicht mehr entziehen kann.

Thematik

Macht, Sexualität, Gewalt, Ökonomie und soziale Lage werden in der Erzählung miteinander verknüpft. Das Mädchen vereinsamt und verarmt noch mehr gerade durch die erhoffte Beziehung zu einem Mann. Die Tatsache, dass der Mann ihr keine Geborgenheit gibt, son-

Verzahnung von Gewalt, Sexualität und Ökonomie

dern mit ihr gewalttätig umgeht, erhöht dessen Attraktivität und macht sie ihm gefügig. Der Härte des Mannes stehen die Liebe, die Hörigkeit und die schon fast masochistische Selbsterniedrigung des Mädchens gegenüber. Um ihrerseits zumindest vermeintlich ihre Attraktivität durch den Kauf der Strümpfe zu erhöhen, muss sie hungern. Ihre Hoffnung auf eine Heirat, verbunden mit dem entsprechenden materiellen Aufstieg, zerschlägt sich und kippt um in tatsächliche Verelendung, die zum Selbstmord führt.

> „Jetzt war doch die Zeit, wo es ganz anders hätte werden sollen, und gerade da sah sie das Graue vor sich ins Endlose gehen." (S. 45)

Sexuelle Gewalt führt zu Angst und zur Auslöschung des Mädchens. Der einzige Mensch, der sich nicht an ihrer Armut stört, vernichtet sie. Sie selbst hat ihre soziale Rolle so weit verinnerlicht, dass sie das Machtgefüge nicht in Frage stellt.

Motive
Das Kleid
Mit nur wenigen Strichen skizziert Fleißer die schon lang andauernde Armut des Mädchens. Im Motiv der zu kurz gewordenen Ärmel ihres einzigen Kleides zeigt sich über die Darstellung von Armut hinaus
- ihre körperliche Entwicklung vom Mädchen zur jungen Frau
- der soziale und damit verbundene erotische Signalwert von Kleidung (sie beobachtet, dass aufgrund ihres ärmlichen Kleides sich eventuelle Liebhaber nach einem ersten Kontakt wieder von ihr zurückziehen). Das Kleid markiert eine soziale „Grenze" (S. 44)
- die ökonomische Auffassung von Geschlechterbeziehungen, der fließende Übergang von Geschenk, Ausgehaltenwerden und Prostitution (Wunsch nach neuem Kleid bzw. materiellen Aufstieg durch eine Heirat)

Ökonomische Auffassung von Beziehungen zwischen den Geschlechtern

Die Orangen

Die Antithetik von Glanz und Dunkelheit durchzieht die Geschichte. Aus den hellen Visionen wird graue Realität, das Mädchen verkümmert immer mehr: „Der Weg ging ins Dunkle." (S. 46) Die kurz vor dem Selbstmord gekauften Orangen – in den Zwanzigerjahren noch eine recht „exotische" Frucht – bringen ein natürliches Licht, ein Glänzen in ihr Dasein. Über die Lichtmetaphorik hinaus erinnern sie das Mädchen an ihre bessere Zeit, als sie noch ohne eine Beziehung zu einem Mann war. Sie ordnet die Orangen zu einem Kranz an und betrachtet sie aus einiger Entfernung, wie ein Maler sein Bild. Dieser kurze Moment der Erinnerung, des Lichts, der Schönheit und des eigenen kreativen Schaffens rufen einen kleinen Glückszustand hervor. Doch dann kommt ihr der sie zerstörende Mann wieder ins Gedächtnis, durch den sie sich keine Orangen mehr kaufen kann:

> „Ein seltsamer Gott nahm ihr das Geld aus der Hand." (S. 51)

Damit verklingt ihr kleines Glück, gerade die Orangen machen ihr den Gegensatz zu ihrem sonstigen Dasein deutlich, aus dem sie nun fliehen möchte.

Die begüterten Spaziergängerinnen, die das Mädchen beobachtet, werden durch ihre Garderobe charakterisiert. Für das Mädchen gehören sie zu den „Glänzenden", während sie später gerade durch eine Beziehung ins „Dunkle" versinkt. Doch vorher kämpft sie noch: Sie trennt sich zwar nicht von ihrem Freund, sie bittet auch nicht um Hilfe, aber sie hofft, durch Alltagsarbeit und Schönheiten der Natur noch kleine Freuden erringen zu können. Das Glück, die die Orangen bereiten, sind ein letztes Beispiel ihrer möglichen Lebensenergie.

Das Bild des Freundes

Im Verlangen nach einem Bild des Freundes zeigt sich eine sentimentale Einstellung des Mädchens. Sie hat ihm eines gestohlen. Er hat es vermutlich ihr wieder heimlich entwendet. Sie will sterben mit seinem Bild

— Antithetik von Glanz und Dunkelheit

— Glück durch Erinnerung, Licht und Schönheit

— Umgang mit Orangen als Beispiel möglicher Lebensenergie

in ihrer Hand. Doch diese Geste – mit seinem Bild in der Hand aus dem Fenster zu springen – wäre auch ein Hinweis auf den Grund ihres Selbstmords, auf eine Anklage. Diese so öffentlich werdende Klage ist ihr nicht vergönnt, da sie dieses Bild nicht mehr besitzt.

Verhinderung öffentlicher Anklage

Darstellung

Typisierung der Geschlechter

In dieser düsteren Geschichte sind die Protagonisten namenlos, typisiert, sie sind „das Mädchen" oder „die junge Person" und „der Mann" bzw. „der Freund". Es wird auf Erklärungen verzichtet, warum ein so junges Mädchen alleine lebt und diejenigen bewundert, die selbstständig sein können. Auch die Arbeitstätigkeiten von Mann und Mädchen spielen keine Rolle. Konzentriert ist das Geschehen zunächst auf die Sehnsucht des Mädchens nach einem besseren Leben und – dies der Schwerpunkt – auf die Zerstörung des Mädchens durch dessen Abhängigkeit vom Mann. Infolge von Unerfahrenheit kann das Mädchen den Machtstrategien des Mannes nichts entgegensetzen.

Bevor das Mädchen den Mann kennenlernt, trifft sie sich mit ehemaligen Schulkameradinnen. Bei diesen Zusammenkünften geht es einzig und allein um die Zukunftsvisionen mit einem Mann. Die Rolle der Frau ist in dieser Geschichte so gestaltet, dass sie als vom Manne abhängig gezeigt wird. Doch diese Rolle wird durch die Art der Darstellung und des Fortlaufs der Geschichte hinterfragt.

Rolle der Frau

Schon im ersten Satz wird das Mädchen als „allzu ernsthaft" charakterisiert. Wer erzählt hier? Partien personalen Erzählens wechseln mit wenigen des auktorialen Erzählerkommentars ab wie z. B. in dem ersten Satz. Das „allzu" macht deutlich, dass diesem Mädchen keine Vorbildfunktion zukommen soll.

Erzählhaltung

Aber auch die Partien, in denen allein aus der Perspektive des Mädchens erzählt wird, entlarven gerade durch den scheinbar naiven Ausdruck die Kritik an den gesellschaftlichen Umständen, die zu einer solchen Geschlechterkonstellation führen. Protest und politische Alternativen sind nicht denkbar, nur noch Resignation:

> „Sie hatte sich einfach abgelebt von den ganzen Umständen, in die sie nicht paßte" (S. 51).

Im Text spart z. B. ein auktorialer Erzählerkommentar gerade die Kritik an diesen „Umständen" aus, doch dadurch, dass die Umstände in dieser Weise genannt werden, werden sie dem Leser, der Leserin als kritikwürdig vorgeführt. Als die Protagonistin noch auf einen Mann wartet, heißt es:

> „Sie wunderte sich, daß allein das schon so schwer war, bis ein Mensch einmal eine Aussicht hatte." (S. 44)

Hier zeigt sich die scheinbare Naivität der Äußerung in zweifacher Hinsicht: semantisch und grammatikalisch. In letzterer Hinsicht ist der Satz nicht vollständig, das Objekt der „Aussicht" wird nicht genannt. Damit wird klar, dass das Mädchen wohl nur eine einzige Zukunftsvision hat, nämlich einen Mann zu finden.

Scheinbare Naivität

Darüber hinaus ist der Satz so formuliert, als sei es eine universale Schwierigkeit, einen Partner zu finden. Soziale und geschlechtsspezifische Aspekte spielen hier ausdrücklich keine Rolle, werden aber vom Kontext her nahegelegt.

Der „Glanz" (S. 50), der ihr möglich ist, ist der Gedanke an die Freiheit zum Selbstmord. Tröstlich ist es für sie, wieder auf diesem Wege in die Natur eingehen zu können. Den gesellschaftlichen Machtverhältnissen entflieht sie in die Natur. Die letzten Sätze lauten:

Glanz als Freiheit zum Selbstmord

> „Der Wind legte sich in ihre Züge ein wie in Wasser, das er trieb. Da war kein Einzelwille mehr, der in ihr widerstand. Wie alles, was wächst in der Natur, wuchs sie nur noch in dies Fallen hinein, ein Fallen im Wind, sie ging dem Fenster zu wie gezogen." (S. 51)

Sprache

Das junge Mädchen leidet an der eigenen Sprachlosigkeit. Als sie bemerkt, dass die neue Beziehung ihre Zukunft zerstört, heißt es im Text:

Sprachlosigkeit

> „Sie wußte selber nicht, wie das vor sich gegangen war. Nun war eben ganz ohne Aussprache und weil ihr Gefallen an ihm ganz natürlich war, ihr Freund daraus geworden, nicht das Eigentliche für sie und kein Halt." (S. 43)

Der holprige Satzbau, unbestimmte Formulierungen, das Abweichen von der Hochsprache und Anklänge an ein stilisiertes Bayerisch charakterisieren den Typus des Mädchens. Die vielfältigen Formulierungen, die eine Aussage nur andeuten, also in der Schwebe, unbestimmt lassen, unterstreichen die Desorientiertheit der Protagonistin.

Sprachlicher Ausdruck der Desorientiertheit

Der variantenreiche Satzbau – Wechsel von langen parataktischen und hypotaktischen Sätzen, aber auch reine Hauptsätze und kurze Satzgefüge – rhythmisieren den Text.

Sachliche, nüchterne Beschreibungen ihrer Armut sind entsprechend ohne Sentimentalität bzw. ohne Emotion:

Emotionslosigkeit

> „Man wußte jetzt allgemein von ihr, daß es ihr nicht eben gut ging." (S. 43)

Neusachliche Elemente
- Darstellung keines Einzelschicksals, sondern eines Typus aus der unteren sozialen Schicht
- Protagonistin kein Identifikationsmodell
- seelische Zustände und Vorgänge oft in Gesten und Handlungen mitgeteilt
- Innenperspektive in Form erlebter Rede, dann aber auch oft distanziert formuliert
- Verzicht auf psychologisierende Erklärungen für Gefühle, z.B. bei Faszination von sexueller Gewalt: „Solche Züge konnten an ihm bis zu einer seltsamen Härte gehen und gegen sie gerichtet sein, aber das wollte sie auch, inzwischen hatte sie dies an sich erfahren." (S. 45)
- Umsetzung von Brechts Ratschlag zu scheinbar kindlichem und scheinbar naivem Schreiben

„Die Stunde der Magd"

Diese Erzählung schreibt Fleißer 1925, sie wird auch im selben Jahr veröffentlicht. Die Autorin betont, dass diese Geschichte keinen autobiografischen Hintergrund hat.

Inhalt
Ein verwitweter Herr beobachtet die Magd beim abendlichen Blumengießen. Unter einem Vorwand spricht er sie an und führt sie in sein Zimmer. Dort übernimmt er die aktive Rolle des Verführers. Die Magd wehrt sich nicht.

Danach ist die Magd verstört, sie hat Angst vor einer Schwangerschaft, sie fühlt sich nicht mehr rein. Am nächsten Morgen verrichtet sie ihre üblichen Arbeiten, aber ihr Blick hat sich verändert. Sie sieht den Menschen hinter dem „Herrn" und sie reflektiert die Bildungsunterschiede zwischen ihm und sich selbst. Sie ist zunächst zu scheu, eine materielle Vergütung zu verlangen. So äußert sie die Bitte um einen neuen Hut, die ihr der Herr auch gewährt. Beide entdecken ihre Körper, doch der Magd ist bewusst, dass sie auf unterschiedlichen Stufen stehen. Die Mutter des Herrn beendet das Verhältnis, indem sie den Vater der Magd informiert. Dieser holt seine Tochter nach Hause. Dort hofft die Magd noch eine Zeitlang, etwas von dem Herrn zu hören.

Verstörung der Magd nach Verführung durch Herrn

Beendigung des Verhältnisses durch Mutter des Herrn; Hoffnung der Magd

Thematik
- Geschlechterspezifische Machtverhältnisse, verdeutlicht durch soziale Typisierung: Herr und Magd, Asymmetrie der Beziehung
- Verhältnis von Bildung, sozialer Lage und Geschlecht
- keine klare Grenze zwischen erotischem Verhältnis und ökonomischer Tauschbeziehung
- Passivität der Magd: Obwohl es ihr klar sein müsste, dass der Herr sie nicht liebt, wartet sie auf ihn geduldig (Motiv des Handtuchs), bis sie sich eingesteht, dass er nicht mehr zu ihr kommt. Bestätigt fühlt sie sich dabei durch ihren Vater, dem männlichen Prinzip.

Darstellung
- Ich-Erzählung, Perspektive der Magd
- Einfacher Satzbau, häufige Parataxen – scheinbar naiver Stil
- Kleinere Abweichungen von grammatikalischen Normen, „hölzerner Stil": Stilisierung einer scheinbar einfachen Sprache

  Stilisierung einer scheinbar einfachen Sprache
- Verstärken der Intensität des Ausdrucks gerade durch diesen Stil, z. B. als die Magd über ihre Einsamkeit und ihre soziale Ohnmacht bei einer möglichen Schwangerschaft nachdenkt: „Immer tiefer in die Nacht hinein und in alle Verlassenheit hinein, die in der Nacht liegt, gab es mir einen Stoß, so bin ich an was erschrocken. Wenn es ein Kind wird, was dann? Da war eine hinausgestoßen. Einen Mutterschutz hat es da nicht gegeben." (S. 38)

„Die Ziege"

Die Erzählung „Die Ziege", 1928 erschienen, stellt das Porträt einer jungen Frau dar, die sich entwickeln möchte.

Inhalt

Ein junges, unsicheres Mädchen wird „Ziege" genannt, weil kein Mann sie wirklich liebt. Sie, die Wehrlose und Verschlossene, wird von den Männern verachtet. Sie selbst ist aber auf Männer angewiesen, lernt jedoch nicht den Richtigen kennen. Als sie sich auf eine Beziehung mit einem durch den Krieg hart gewordenen Mann einlässt, entdeckt sie bald deren selbstzerstörerische Wirkung.

Verlust des Selbstvertrauens aufgrund der Förderung durch intellektuellen Mann

Einige Jahre lang versucht sie sich anzupassen, die neueste Mode mitzumachen, die innere Leere zu überdecken. Sie wird ein „Girl". Doch dann flieht sie zu einem klugen, öffentlich bekannten Mann, zu einem „Weltweisen", der ihre Begabung entdeckt, sie fördert, aber gleichzeitig ihren Rest an Selbstvertrauen untergräbt. Sie erfährt, dass ihr niemand hilft. Sie sieht sich in einem „Schlachtfeld" und ist sich nicht sicher, was aus einem Menschen und was aus ihr selbst im Überlebenskampf werden kann:

Veränderung des Menschen durch Überlebenskampf

> „Wußte man, wer man selber war, wenn es hart ging auf hart? Man mußte überleben." (S. 65)

Thematik
– Entwicklungsstadien einer jungen Frau:
   1. naives, unsicheres, ungeliebtes, Erlösung durch den Mann ersehnendes Mädchen („Ziege")
   2. Einsicht, dass der Mann die Frau nicht ganz zerstören solle, damit „Hingabe" nicht zur „Selbstaufgabe" (S. 61) wird
   3. Suche nach Förderung beim „Weltweisen" und Erkenntnis, dass sie auf sich alleine gestellt ist
– Charakteristik des Typus „Ziege": kommt aus schlechten Verhältnissen, ist wehrlos und ungebildet, kann sich sprachlich nicht ausdrücken, ist ängstlich, sich Raum zu verschaffen („Scheu vor dem eigenen hörbaren Atem", S. 60), kindliches Denken, erwartet den Mann als Erlöser, passt sich modisch an
– Kritik am Typus „Girl": normierter Durchschnitt, innere Leere, keine eigenen Leistungen und Ideen: „Die Männer liebten das Girl, gerade weil es nicht dachte." (S. 62)
– Machtkampf in Geschlechterbeziehungen: Der Mann ihrer ersten Beziehung ist gewalttätig, gebildet, sie muss ihn mit „Herrn" anreden
– Kritik an den Männern am Beispiel des ersten Liebhabers: Verrohung des Mannes durch den Krieg, der ihn hart, zynisch und bindungsunfähig gemacht hat; universales männliches Verhalten: „Denn einer war wie der andere und hatte für die Mädchen ein System und keine Gnade", S. 63
– Autobiografische Dimension: Die Begegnung der auch hier namenlosen Protagonistin mit dem „Weltweisen" bezieht sich auf die Beziehung der jungen Fleißer zu ihrem Entdecker Lion Feuchtwanger. Feuchtwanger hat auch ihren Vornamen geändert (von Luise Marie zu Marieluise), sie lehnt ihre frühen Erzählungen ab,

Entwicklungsstadien einer jungen Frau

Machtkampf in Beziehungen, Kritik an Geschlechtsrollen

Autobiografische Dimension

die sie daraufhin verbrennt, stellt diesem „Krampf" die Neue Sachlichkeit gegenüber (vgl. S. 68). Im Text gilt er als mächtiger Lehrer eines Überlebenskampfes, der mitsamt seiner sportlichen Frau der Protagonistin Gefühle der Unterlegenheit vermittelt. Feuchtwangers Frau Marta galt als große, sportliche Schönheit.

Kritik am Kulturbetrieb
– Kritik am Kulturbetrieb: Mit dem negativen Porträt Feuchtwangers geht eine Kritik an Öffentlichkeit einher („Überschwemmung", „Gefahr", S. 66)

Problematik der Sprache
– Problematik der Sprache als ein Leitmotiv dieser und anderer Erzählungen Fleißers: Sprach- und Ausdrucksunfähigkeit des „Girls", (männliche) Macht durch Sprache („Großsprecherische Sätze", S. 62), Bildung durch die Buchempfehlung des „Weltweisen" (Fritz Mauthners *Kritik der Sprache*) und durch dessen Einführung in das Verhältnis von Lüge und Macht

Darstellung

– Beginn: Kontrastierung des märchenhaften Tons des Einleitungssatzes („Da war einmal [...]") mit der radikalen Beschreibung einer jungen Frau im Stadium völliger Selbstentfremdung („Sie war niemals ganz", S. 61). Im zweiten Halbsatz des Einleitungssatzes wird definiert, was „Ziege" bedeutet: ein Mädchentypus, der in seiner Unsicherheit immer Beziehungen zu Männern sucht, die sie jedoch abwerten. Die negativ besetzte Metapher der „Ziege" unterstreicht die Geringschätzung.

Metaphorik

– Anfängliche Orientierungslosigkeit der „Ziege" zeigt sich in der Metapher „Dschungel", die spätere Einsicht kämpfen zu müssen in der „Schlachtfeld"-Metaphorik.

Kontrastierung salopper mit pseudopathetischer Sprache

– Kontrastierung salopper mit pseudopathetischer Sprache zur Entlarvung von männlichem Streben nach Anerkennung: Nach der Enttäuschung mit dem ersten Liebhaber reflektiert sie die Machtverhältnisse zwischen Mann und Frau: „Er war davon ausgegangen, daß das Weib sich hinopfern muß, damit er verherrlicht werde, der Mann. Ja Kuchen! Der Mann möge

dem Weib seinen Boden lassen, auf dem es steht, dann kann es sich selbst schon einmal opfern, ohne alles schlechter zu machen." (S. 61) Allein im Verb „hinopfern" wird die destruktive Energie des Mannes aus der Sicht der „Sie-Erzählerin" deutlich.
- Wiederholungen intensivieren die Kritik an den Männern (S. 62, 63).
- In Fragen formuliert sie ihre Zweifel, inwiefern sie bzw. die Frauen nur eine Projektionsfolie für den Mann bieten: „[...] was wollt ihr in mich hineinsehn? Ihr schaut doch immer nur selber heraus." (S. 62)
- Karikierende Zeichnung des „Weltweisen" in Vergleichen (S. 63).
- Lakonische Formulierungen wie „Sie hatte nur diese eine Seele und war fast schon hin" wechseln mit religiös anmutenden Bildern: „Sie war als ein Lamm von einem zu vielen, von vielen zu einem Weltweisen gegangen, und noch der Weltweise hatte das Seine genommen und ihr wenig gelassen." (S. 64)

Lion Feuchtwanger, der Verfasser erfolgreicher historischer Roman, dem die Anklage in „Die Ziege" wohl auch gegolten hat, ist in den Zwanzigerjahren international der bekannteste deutsche Schriftsteller. Er hat 1920 Brecht entdeckt, schreibt in vielen Zeitungen. Fleißer beweist Mut, ihn durch die Publikation öffentlich in dieser Weise darzustellen. Die Anspielungen sind in der Zeit für die literarische Elite zu entschlüsseln.

Bezug zu Lion Feuchtwanger

„Die Dreizehnjährigen"

Eine der ersten Geschichten Fleißers, zunächst unter dem Titel „Meine Schwester Olga" 1923 publiziert, sorgt sowohl inhaltlich als auch formal für großes Aufsehen.

Inhalt
Eine Gruppe von dreizehnjährigen Jugendlichen trifft sich. Der großspurige Willy Sandner ist hinter Olga her, die wiederum ihren gerade aus Russland eingetroffenen

Cousin Pelja begehrt. Sandner ist eifersüchtig, droht sie zu töten, wenn sie ihm nicht gefügig sei. Ein größeres Mädchen ist ins Wasser gegangen, sie war wohl schwanger. Mit dem Freitod dieses Mädchens brüstet sich Sandner, obwohl er nichts damit zu tun hat. Ein Vater verdächtigt Sandner, seine Tochter verführt zu haben. Zur Strafe stößt er kurz den Kopf des Jungen in einen Feuerofen. Mit versengten Haaren stürzt Sandner sich auf Olga und schneidet einen Teil ihrer Haare ab. Als ihm klar ist, dass er Olga nicht gewinnen kann, tötet er sich durch Erhängen.

Mit diesem Schluss endet die erste Fassung; die zweite, für die *Gesammelten Werke* überarbeitete Fassung erweitert ihn: Sandner ist wieder zum Leben erweckt worden, später wird aus ihm ein SA-Mann.

Thematik und Darstellung

Die kurze Inhaltsangabe stellt nur einen Handlungsstrang der Geschichte dar, die ansonsten reich ist an verschiedenen Assoziationen zu Lust und Gewalt, zu Menstruation und Aberglauben, zu Katholizismus und Sexualität, zu Vorurteilen und Pubertät, zu Sprachlosigkeit und Tabus.

Pubertäre Verstörtheit

Das in der Pubertät aufkommende Begehren, die daraus resultierende Verstörtheit und deren Kompensation durch Großmannsgetue sind Themen der Geschichte. Radikal ist auch die Darstellungsweise: Das gesamte Geschehen ist aus der Perspektive der Ich-Figur, der Zwillingsschwester von Olga, berichtet, die wenig in die Beziehungen der anderen verstrickt ist. So beobachtet sie relativ neutral die Spiele von Verführen und Verletzen. Konsequent hat Fleißer hier den rein beobachtenden Blickwinkel eingehalten. Dadurch gewinnen die pubertären Machtspiele an Grauen. Grundlos laufen die Mechanismen der Zerstörung und der Selbstzerstörung ab. Die Spannung, unter der die Jugendlichen stehen, entlädt sich in Aggressionen. Von Liebe ist nicht die Rede, die erwachende Sexualität zeigt sich als Kampf.

Neutrale Perspektive der Ich-Figur

Beobachtung der zerstörerischen Mechanismen

Etliche Partien wörtlicher und indirekter Rede zeugen

davon, dass die Ich-Figur meist nur beobachtet, manchmal auch bewertet, aber nicht in die Handlung eingreift:

> „Ich wußte, das nahm ein schiefes Ende. Man durfte sich nicht darein mischen. Ich war traurig und stumm. Es ging ganz von selbst." (S. 14)

In vielen kurzen Hauptsätzen werden die einzelnen Beobachtungen der Ich-Erzählerin aneinandergereiht.
Die im Vergleich zu den anderen Dreizehnjährigen etwas verständigere Ich-Erzählerin durchblickt ansatzweise die Mischung aus Aberglauben und versteckter Sexualität. Die bei Olga einsetzende Menstruation wird z. B. eher legendenhaft mit einem unglaublichen Unfall dargestellt. Den Teufel, den die anderen sehen, entlarvt sie als einen Dominikaner in dunkler Tracht. — Ich-Erzählerin

Dass auch der gewalttätige Sandner Ängste hat, zeigt sich darin, dass er den Spott über seine roten Haare nicht erträgt. Alle sind Opfer und Täter zugleich. So beobachtet die namenlose Ich-Erzählerin, wie Sandner sich der roten Haare auf seinem Handrücken entledigen will: — Opfer und Täter zugleich

> „Seine Augen, deren Äpfel mit dumpfen Gelb gefüllt waren, glühten und mit bleichem Lächeln hob er seine Hände in die Höhe seines Mundes, starrte sie an und biß hastig ein rotes Härchen ums andere aus den Gelenken, wobei er leise keuchte." (Ebd.)

Das erste dumpfe sexuelle Drängen wird in körperlichen Ausdrucksformen ausgestellt: Erröten und Muskelanspannung („Erna wurde dunkelrot", S. 13). Innere Motive werden wenig benannt.
Aber auch schon fast expressive Vergleiche (z. B. „Ihre Augen waren wie eine offene Wunde", S. 14), ebenso Vergleiche aus dem religiösen Bereich („Sie sah aus wie gekreuzigt", S. 16) und Naturmetaphorik („Die Weiden staken um uns herum mit ihren Stümpfen. Der Mond drehte sich durch die Bäume wie ein Idiot", S. 20) illustrieren die dichte Atmosphäre, die die Kombination von pubertärem, nicht klar erkanntem sexuellem Drängen, Gewalt und Gerüchten ausmacht. — Vergleiche und Naturmetaphorik

In dieser Geschichte hat die Macht- und Rollenverteilung zwischen Mann und Frau, Jungen und Mädchen keinen sehr großen Stellenwert; Macht und Ohnmacht erfahren alle handelnden jugendlichen Personen. Die Eltern sind kaum mächtiger, geben keinen Halt. Die Mutter von Olga und ihrer Schwester weint wegen des sadistischen Treibens der Kinder. Der Vater von Margret verhält sich ebenso gewalttätig wie die Kinder, als er Sandners Kopf in das brennende Ofenloch steckt. Als Reaktion darauf potenziert sich Sandners Aggression: Weinend schneidet er Olga ins Haar. Das sich daraufhin basierende Gerücht steigert noch einmal die Gewalttaten: Sandner habe Margret verführt und sei von ihrem Vater halb verbrannt worden.

Der spätere Zusatz von Fleißer, Sandner sei SA-Mann geworden, zeugt von dem Versuch, das Thema der Gewalt zu politisieren.

Gewalt durch Gerüchte

„Der Apfel"

Diese Erzählung, 1925 entstanden, ist Fleißers erste Auftragsarbeit für den *Berliner Börsen-Courier*. Fleißer betont den autobiografischen Aspekt der Geschichte, die sich auf ihr erstes Verhältnis mit einem Mann, dem schriftstellernden Studenten „Jappes", bezieht.

Inhalt

Eine junge, schüchterne und naive Frau bewundert ihren Freund. Die einsetzende Inflation bewirkt, dass sie verarmt. In ihrer Naivität versteht sie diese Veränderungen nicht. Ihr Freund, der ihr oft androht, sie aus Gründen seiner Selbstverwirklichung zu verlassen, verfügt über genug Strategien, um in dieser Zeit zu überleben, ihr jedoch hilft er nicht. Nach einer gemeinsamen Nacht – lange ist der Freund ausgeblieben – reicht sie ihm einen Apfel, ihr einziges Nahrungsmittel, zum Frühstück. Doch der Freund schlägt den Apfel aus, er vermisst den warmen Tee und verlässt sie. Ein Junge, dem sie den Apfel daraufhin schenken möchte, erweist sich als boshaft

Selbstaufgabe der Frau

Feindschaft als universales Beziehungsmuster

und macht sie in der Öffentlichkeit lächerlich. Die junge Frau erkennt das universale Prinzip der Feindschaft, das beinhaltet, dass der Schwächere getreten wird, bevor dieser anfängt zu revoltieren.

Themen und Motive
Die Erzählung zeigt die schmerzhafte Entwicklung vom schüchternen Mädchen, das alles für einen Mann gibt, zur erwachsenen Frau, die Feindschaft als Lebensprinzip erkannt hat. Zur anfänglichen Naivität des Mädchens gehören dessen Sprachlosigkeit und Desorientiertheit. Die Welt ist ein Rätsel. Die junge Frau ist abhängig von ihrem Freund, dessen Kreativität sie bewundert, er bringt einen „Glanz" in ihr ärmliches Dasein. Sie akzeptiert sein Verbot bezüglich des Umgangs mit anderen Männern. Passiv wartet sie auf ihn; in ihrer Selbstaufgabe verhungert sie fast, weil sie den Apfel für den Mann aufheben möchte, anstatt ihn selbst zu essen.

Mangel an Wirklichkeitssinn

Ihr Freund ist charakterisiert durch künstlerische Egozentrik, Unkonventionalität, Sprachbegabung, Lebenstüchtigkeit, Gleichgültigkeit gegenüber den Gefühlen der Frau.

Der Apfel symbolisiert die Liebe, des Teilens in Zeiten in großer Not. Der Glanz des Apfels entspricht dem Glanz, den sonst der Freund in ihr Leben gebracht hat. Der verächtliche Umgang des Jungen mit dem Apfel zeigt, dass keine Beziehungen mehr möglich sind und dass Werte nicht mehr geachtet werden. Die junge Frau weint über ihre bittere Erkenntnis in die Natur des Menschen. „Man nannte es erwachsen, wenn ein Licht aufgegangen war über die natürliche Feindschaft unter den Menschen." (S. 27)

Prozess des Erwachsenwerdens

Formale Aspekte
Der formal märchenhafte Beginn, aber ein dem Märchen entgegensetztes negatives Ende lassen die Geschichte als eine Art „Anti-Märchen" erscheinen. Mann und Mädchen sind namenlos, typisiert dargestellt. Der auktoriale Erzähler, aber auch die Mittel der erlebten Rede und des

inneren Monologs erlauben Einblicke in die Gefühlswelt des Mädchens.

Besonders die Selbstaufgabe und Hörigkeit der jungen Frau werden bildhaft intensiviert, etwa durch Parallelismen und Vergleiche. Ihr Mangel an Wirklichkeitssinn, ihre Unbildung und Sprachlosigkeit werden z. B. durch den Vergleich ihrer Welt mit einem „Wald, aus dem sie nicht herausfand" (S. 23) verdeutlicht; auch wird sie mit einem Taubstummen verglichen.

Die letzten Sätze der Erzählung schildern in allgemeinen Sentenzen den Prozess des Erwachsenwerdens, der in der bitteren Einsicht über die feindselige Natur des Menschen besteht.

„Abenteuer aus dem Englischen Garten"

Die 1925 in zwei Tagen geschriebene und zwei Jahre später publizierte Geschichte stellt die konventionelle Rollenverteilung auf den Kopf.

Inhalt

Verkehrung der traditionellen Geschlechterrollen

Hier zeigt sich die namenlose Frau, ein junges Mädchen aus feinem Haus, als coole Person, die mit einem unerfahrenen Maurerlehrling im Englischen Garten, einem großen Park in München, eine Liebesnacht verbringt und ihn dann alleine lässt. Auch formal weicht dieser Text von den anderen Erzählungen ab: Der Ich-Erzähler ist männlich. Er heißt Emil und ist ein junger Lehrling mit rauen Händen, der – noch ungeübt in Sachen Sexualität – sich langsam und hölzern seiner Angebeteten

Männlicher Ich-Erzähler

annähert. Es kommt zum Geschlechtsakt, der Junge ist verliebt, aber sie lehnt jede weitere Beziehung ab, da sie von ihrer ersten Liebesbeziehung enttäuscht ist.

Motive und Gestaltung

Nun also zeigt der Mann Gefühle, ist sich unsicher, kann nicht einmal die Zotenlieder seiner Kameraden mitsingen und kommt aus einer unteren sozialen Schicht. Die Frau stammt aus reichem Hause, ist bindungsunwillig

Mann als Sexualobjekt

und so kühn, nachts im Park aus Freude an der Sexualität sich wechselnden Männern aus der Arbeiterklasse hinzugeben. Emil ist nur einer davon. Das im Park stattfindende Rendezvous erweist sich jedoch als fehlgeleitet, die Beteiligten sind in ganz unterschiedlichen Stimmungen, hemmen sich zunächst in ihrem Begehren, sind verlegen, aggressiv und zärtlich.

Die erneute Darstellung einer unglücklichen Beziehung spiegelt sich auch in der Sprachthematik. Der verklemmte Maurer versucht angesichts seines Fräuleins die Sprache des Bildungsbürgertums zu benutzen, die aber aus seinem Munde geschraubt und unecht wirkt. Die Komik der Situation wird dadurch erhöht:

Sprachthematik

> „Ich begab mich dann mit meinem Fräulein in ein größeres Gespräch über Wald und Flur. Ich sagte: ‚Beobachten Sie diese Gruppe Pappeln von uns aus dreißig Schritt rechts. Können Sie abschätzen, wieviel Bäume sind es?'" (S. 80)

Die Thematik entspricht Motiven der Neuen Sachlichkeit, der Stil jedoch ist – ähnlich wie in „Die Dreizehnjährigen" – zum Teil recht expressiv (z. B. „Ich schlang in mich hinein das ganze fremde Geschlecht", S. 85; „Die Straße war bleich wie Bein", S. 82) und von der Sprache des jungen Brecht beeinflusst. In der Notiz zu dieser Erzählung schreibt Fleißer: „Sie wurde in spontaner Begeisterung für den jungen Brecht geschrieben."

Die ekstatische Naturmetaphorik spiegelt sexuelles Begehren. Der Ich-Erzähler Emil beschreibt den Geschlechtsakt:

> „Da schlug ich in sie hinein wie blind, das hat sie schon besser begriffen, gleich darauf habe ich sie gehabt. Die Sterne schnitten sich mit ihrer Bahn, der Wind tauchte uns ein, in den Bäumen rührte es sich. Das alles habe ich dann wieder gemerkt und meine Beobachtungen von der Natur wieder vervollständigt." (S. 86)

Die Formulierung des letzten Satzes erinnert jedoch an die sachliche Sprache der Ämter, der Verwaltung („meine Beobachtungen von der Natur wieder vervollständigt"). Die Distanz zu sich selbst ist wiederhergestellt, der Ich-Erzähler ist wieder zur Beobachtung fähig.

Fleißers einziger Roman: *Eine Zierde für den Verein*

Im Untertitel nennt sich das Werk „Roman vom Rauchen, Sporteln, Lieben und Verkaufen". Den ursprünglichen Titel *Mehlreisende Frieda Geier* des 1931 erschienenen Textes verändert Fleißer im Zuge ihrer Neubearbeitung, die 1972 mit dem Titel *Eine Zierde für den Verein* erscheint. Einzelne Handlungsstränge des Romans hat Fleißer schon zuvor in einigen Erzählungen und im Theaterstück *Pioniere in Ingolstadt* verarbeitet.

Inhalt

Im Zentrum des Romans steht die Liebesbeziehung zwischen zwei ungleichen Personen in einer Kleinstadt zur Zeit der Wirtschaftskrise. Der anfänglich erfolgreiche Sportschwimmer und weniger erfolgreiche Tabakhändler Gustl verliebt sich in Frieda, eine Vertreterin für Mehl. Frieda ist unabhängig, reist beruflich mit dem Auto zu ihren Kunden, behauptet sich in dieser Männerwelt, geht aber auch eine Beziehung zu Gustl ein. Doch als dieser sie bedrängt, ihr Geld in seinen maroden Laden zu stecken, weigert sie sich. Gustls Liebe schlägt in Gewalt um, er möchte Frieda und ihr Geld besitzen. Als er keinen Erfolg hat, versucht er aus Rache, Linchen Geier, die in Friedas Obhut stehende jüngere Schwester, zu erpressen, damit sie ihm gefügig sei. Er scheitert mit diesem Plan. Auch verliert er sein Ansehen als Sportschwimmer, rettet jedoch seinen Sport-Rivalen vor dem Tod durch Ertrinken im Fluss und verhindert ein Attentat auf die Bahn. Die den Roman abschließende Feier nach einem Schwimmwettkampf endet in einer Schlägerei. Friedas weiteres Schicksal bleibt ungewiss.

Weibliche Autonomie – männliches Besitzdenken

Motive

Frieda als neusachliche Frau

Sie fährt Auto, sie übt mit Härte einen Männerberuf aus, liebt ihre Unabhängigkeit und kleidet sich entsprechend: Herrenmantel, Herrenschuhe, Lederjacke, kurz geschnittene Haare. Sie fällt auf, da sie nicht aus der Kleinstadt [Ingolstadt] kommt, und träumt von einem Amerika der weiblichen Freiheit. Sie „fühlt sich als weiblicher Pionier" (S. 126). Als sie sich in Gustl verliebt und zunächst die Liaison nicht offensichtlich sein soll, verklärt sie dies nicht romantisch: „Das hat man sich also angetan aus Fleischeslust" (S. 69). Sie ist diejenige, die die Beziehung mit Gustl beendet. Insgesamt entzieht sie sich der traditionellen Rollenverteilung, sie übernimmt eher den männlichen Part, nicht nur in Bezug auf Kleidung, sondern auch Gestik und Verhaltensweisen:

> „Ihre Blicke sind nicht weiblich. Sie wandern von einem zum anderen, ungerührt." (S. 23)

Kleidung, Verhalten und Gestik

Auch im sexuellen Kontakt ist sie die dominante Person. Sie hat mit der Girl-Kultur der Zwanzigerjahre nichts gemein, sie ist eher der Typus der ledigen Heldin, wie sie von Alexandra Kollontai in *Die neue Moral und die Arbeiterklasse* (1920) skizziert wird. Entsprechend wird Frieda in der engen Kleinstadt nicht nur als Hexe, sondern auch als Vamp, als Agentin des Kapitals und zugleich als Bolschewistin verunglimpft. Die entwurzelte Frieda mit ihrer großstädtischen Haltung eckt in der Provinz an.

In ihrer Härte auch gegen sich selbst ist Frieda die Vertreterin der sachlichen Lebenseinstellung, des Sportgeistes im Gegensatz zum Sportler Gustl.

Härte gegen sich selbst

Gustl – der Körper des Schwimmers

In ihrem Essay „Sportgeist und Zeitkunst" stellt Fleißer den Sportgeist als Ideal dar. Gustl verkörpert einen Teil dieser Einstellung, er trainiert für Wettkämpfe, er rettet einen Konkurrenten. Aber er ist nur Körper, Muskeln und Begierde; er wird „Barbar" genannt, obgleich er schon etliche Personen vor dem Ertrinken errettet hat.

Er hält an der alten Geschlechtsrolle in fast parodistisch übersteigerter Form fest. Seine Ohnmacht Frieda gegenüber schlägt in Gewaltaktionen um. „Das Recht auf deine Arbeitskraft steht sowieso deinem Mann zu" (S. 127), behauptet er Frieda gegenüber. Hochzeit ist für ihn ein „Kuhhandel", die autonome Frieda ist für ihn ökonomisch nicht interessant. Frieda wirft ihm auch vor, dass er den Sport für wirtschaftliche und soziale Zwecke, z. B. durch Kontakte im Verein, missbrauche. Die Kritik am Sport als Betriebssport, als paramilitärische Übung schwingt hier mit. Der Untertitel des Romans zeugt von der Verschränktheit der Lebensbereiche Sport, Kommerz und Liebe.

Missbrauch des Sport-Ideals

Internat – Kleistlektüre
Linchen befindet sich in einem klösterlichen Internat. Thema ist hier – ähnlich wie in Fleißers frühen Erzählungen – das erotische Erwachen, die Freundschaft unter Jugendlichen. Die verbotene Lektüre von Kleists Novelle *Die Marquise von O...* verstärkt die Atmosphäre von Sexualität und Gewalt. Fleißer hat bereits in ihrem Essay „Der Heinrich Kleist der Novellen" Kleists Schreibweise als vorbildlich dargestellt (siehe S. 71 f.).

Funktion von Kleists Novelle

Neue Sachlichkeit – Formale Aspekte

Der Roman, der auch hier einen Zeitraum mit genauen geografischen und aktuellen Bezügen umfasst, ist im Präsens verfasst und wirkt dadurch sehr distanziert. Auch die Handlung ist gegenwartsbezogen; den Figuren fehlt die Vorgeschichte; es gibt keine fiktive biografische Vergangenheit. Außer ihrer Schwester hat Frieda keine Familie, sie hat keine Wurzeln und wird weiterziehen, vielleicht nach Amerika.

Zeitroman in Präsens

Äußere Verhaltensweisen und beobachtbare körperliche Prozesse werden oft minutiös geschildert. Die Sprache ist meist klar und nüchtern, mitunter auch absichtlich gestelzt. Der Kontrast zwischen dieser Sprachebene und dem eigentlichen Geschehen erzeugt komische Effekte.

Minutiöse Schilderung von äußerlich Beobachtbarem

Insbesondere Gustl wird immer wieder auf diese Weise charakterisiert. Als er z. B. als letztes Mittel, Frieda für sich zu gewinnen, plant, sie zu schwängern, heißt es:

> „Er hat den festen Vorsatz, das sinnenfreudige Weib mit seinem noch ungezeugten Kind zu beschweren" (S. 157).

Doch das Vorhaben scheitert kläglich, Frieda bleibt die stärkere Person.

Innenschau in die Figuren wird oft durch das Mittel der erlebten Rede geübt; Gründe für die Gefühle der betreffenden Personen werden aber nicht angeführt. Auf diese Weise wird ironische Distanz zum dargestellten Geschehen ermöglicht. Als Frieda Gustl bei der ersten Begegnung zurückweist, wird dies aus Gustls Perspektive folgendermaßen beschrieben:

Distanz zum dargestellten Geschehen

> „Jetzt kennt er sich überhaupt nicht mehr aus mit der Frau.
> Hat sie nicht einen gottverlassenen Stolz an sich, als sage sie, wann ich verführt werde, das bestimme ich allein? Dazu muß sie sich aber einen anderen suchen. Die Welt wird nicht länger bestehn, wenn sich solche selbständige Gesinnung unter den Frauen verbreitet." (S. 24)

Viele autobiografische Bezüge sind in den Roman eingeflossen, so. z. B. Fleißers Verlobungszeit mit dem Ingolstädter Sportschwimmer und Tabakwarenhändler Josef Haindl.

Autobiografische Bezüge

Von allen Werken Fleißers vor 1933 ist der Roman am wenigsten gelesen worden. Die zeitgenössische Kritik betont die Mängel in der Konstruktion des einzigen Romans der Autorin. Herbert Ihering schreibt z. B.:

Rezeption

> „Wenn man die Erzählung in einzelne Skizzen auflöst, wirken sie als Novellen stark. Wenn man die 342 Seiten hintereinander als Roman liest, erscheint die Erzählung brüchig."

Erich Kästner, *Fabian.*
Die Geschichte eines Moralisten

Erich Kästner (1899–1974) ist heute immer noch als Autor von beliebten Kinderbüchern (*Emil und die Detektive*, 1929, *Das doppelte Lottchen*, 1949) weithin bekannt. Ebenso werden seine zeitkritischen, satirischen bzw. humorvollen Gedichte geschätzt. Aber auch der Roman *Fabian. Die Geschichte eines Moralisten* (1931) avancierte zum großen Verkaufserfolg. Kästners Werk umfasst unterschiedlichste literarische Formen: Gedichte, Zeitungsartikel (Reportagen, Glossen, Kritiken), Romane, Drehbücher, Kinderbücher, Liedertexte für Film und Kabarett, Bühnenbearbeitungen seiner Romane, ein Theaterstück, autobiografische Texte, Chansons und kleine Prosa.

Bekannt als Kinderbuchautor

Breites Spektrum literarischer Ausdrucksformen

Biografie

Erich Kästner wird als Sohn des Sattlermeisters Emil Kästner 1899 in Dresden geboren. Unklar ist bis heute die wahre Vaterschaft: Der Hausarzt der Familie, Emil Zimmermann, kommt wohl auch in Betracht. Die Mutter Ida, geb. Augustin, zu der Kästner lebenslang eine intensive Beziehung hat, arbeitet als Dienstmädchen, Heimarbeiterin und Friseuse. Sie fordert und fördert Erich, damit er einst in ein „gehobeneres Milieu" aufsteigen könne. So vermietet sie z. B. Zimmer zur Untermiete immer an Lehrer, damit diese sich dem kleinen Erich widmen können. Doch „Aufstieg" ist einem Kind aus kleinbürgerlichen bzw. proletarischen Verhältnissen (der Vater verliert seine Selbstständigkeit) fast nur möglich über den Werdegang zum Volksschullehrer. Dazu ist in dieser Zeit kein Studium nötig.

Kästner besucht von 1913 bis 1917 das Lehrerseminar und bricht die für ihn zu autoritäre Ausbildung kurz vor dem Abschluss ab. Er wird 1917 zum Militär einberufen. Die Schrecken des Militärdienstes im Ersten Weltkrieg lassen ihn lebenslang zum Kriegsgegner werden.

Abbruch der Ausbildung zum Lehrer, durch Erlebnisse im Ersten Weltkrieg Entwicklung zum Antimilitaristen

Direkt nach dem Ersten Weltkrieg macht er 1919 sein Abitur und fängt an in Leipzig, unterstützt von einem Stipendium, Germanistik, Geschichte, Philosophie und Zeitungswissenschaften zu studieren. Im selben Jahr lernt er seine erste Liebe Ilse Julius kennen. Promoviert wird er im Jahre 1925. Ein Jahr später endet die Beziehung zu Ilse Julius. Während des Studiums publiziert er zunehmend Gedichte und Rezensionen in Zeitungen. Von 1924 an arbeitet er als Redakteur bei der *Neuen Leipziger Zeitung*, bis ihm 1927 gekündigt wird, weil ein von Kästner publiziertes Gedicht samt der zugehörigen Illustrationen als zu frivol gilt.

Studium; anschließend Redakteur in Leipzig

Nun kann Kästner im September 1927 in die Metropole Berlin ziehen. In den nächsten sechs Jahren bis 1933 steigert sich seine Produktivität. Er publiziert in allen bedeutenden linksbürgerlich-demokratischen Zeitungen (allein 350 Artikel sind aus dieser Zeit nachgewiesen), Kinderbücher, sehr erfolgreiche Gedichtbände und Romane erscheinen. Kästner setzt sich nicht nur mit dem modernen Theater, sondern auch mit den neuen Medien Film und Hörfunk auseinander. Von den Stummfilmstars Buster Keaton und Charlie Chaplin ist er begeistert. Er sieht sich als „Gebrauchsautor", schreibt so, dass viele Menschen ihn verstehen. Als Auftragsarbeiten verfasst er z.B. Liedtexte. Seine Texte vermarktet er multimedial, aus Kinderbüchern werden z.B. Filme, aus Gedichten Chansons. Auf Schallplatten spricht er selbst seine Gedichte. In dieser äußerst kreativen Zeit schreibt er ab 1930 an dem Roman *Fabian*.

Umzug nach Berlin; äußerst erfolgreiche Publikationen

Mit Beginn der nationalsozialistischen Herrschaft 1933 wird seine zeitkritische Produktivität gestoppt. Kästner schaut zu, wie seine Werke bei der Bücherverbrennung in Berlin ins Feuer geworfen werden. Dennoch emigriert er nicht. Er darf vorerst nicht mehr in Deutschland publizieren, kann aber in der Schweiz Unterhaltungsromane veröffentlichen. In Hollywood wird der Roman *Drei Männer im Schnee* verfilmt. Doch das Nazi-Regime bedarf seiner schriftstellerischen Talente. Unter Pseudonym hat er vermutlich an einigen Drehbüchern im

Bücherverbrennung

Drehbuch für Münchhausen

NS-Deutschland mitgewirkt. Für die Erstellung des Drehbuchs zu dem Film *Münchhausen*, einem Prestigeobjekt der „Ufa" zu deren 25-jährigen Jubiläum, dem teuersten Unterhaltungsfilm des Dritten Reiches (Premiere: 1943), erhält Kästner eine Ausnahmegenehmigung. Das Ende des Krieges erlebt er in Tirol. Unter dem Vorwand, dort bei Dreharbeiten zu einem Film mitzuwirken, gelingt ihm die Flucht aus dem zerstörten Berlin.

Nach Kriegsende zieht Kästner nach München. Er, der seit den Zwanzigerjahren viele Affären und einige längere Beziehungen hatte, lebt seit 1944 mit Luiselotte Enderle zusammen. Er schreibt wieder für Zeitungen, für Radio und Kabarett. Nun setzt er sich in etlichen Texten mit dem Nationalsozialismus und dem Zweiten Weltkrieg auseinander. Als engagierter Schriftsteller wendet er sich öffentlich gegen die Remilitarisierung der Bundesrepublik und den Vietnamkrieg. Elf Jahre lang leitet er als Präsident das westdeutsche Zentrum der internationalen Schriftsteller-Vereinigung P.E.N. Als sein Sohn Thomas von seiner Geliebten Friedel Siebert geboren wird, hält er lange ein Doppelleben aufrecht. Das uneheliche Kind wird zunächst verschwiegen.

Nach 1945 Auseinandersetzung mit Nationalsozialismus und Remilitarisierung

Kästner resigniert wegen der politischen Wirkungslosigkeit seines Schreibens, wird alkoholkrank, leidet an Tuberkulose und stirbt 1974 in München an Speiseröhrenkrebs.

Fabian. Die Geschichte eines Moralisten

Kästner versteht seinen Roman als Satire auf die Verhältnisse in Berlin während der Weltwirtschaftskrise. Die Geschichten zweier junger Literaturwissenschaftler, Fabian und Labude, verzahnen sich in dem Roman.

Überblick

Der Versuch beider Intellektueller, in Berlin bzw. im Leben Fuß zu fassen, scheitert. Labude begeht Selbstmord, Fabian als Nichtschwimmer ertrinkt beim Versuch, ein in einen Fluss gefallenes Kind zu retten. Der Roman stellt die letzten Tage Labudes bzw. die ca. letzten zwei Wochen im Leben Fabians dar.

Titel

Zunächst schlägt Kästner als Titel „Sodann und Gomorrha" oder „Der Gang vor die Hunde" vor. Doch die Idee des Verlegers wird umgesetzt: *Fabian. Die Geschichte eines Moralisten*. Damit wird das zentrale Thema des Romans, die Problematik von Moral angesichts sich auflösender gesellschaftlicher Verhältnisse in der Weltwirtschaftskrise und politischer Polarisierung von Rechts und Links, im Titel angedeutet.

Der Roman ist in 24 Kapitel gegliedert. Jedem Kapitel steht eine dreiteilige Überschrift voran, die auf Aspekte des jeweiligen Kapitels hinweist. Die Handlung ist nicht linear, die schnellen Wechsel der Handlungsstränge sind in der folgenden inhaltlichen Übersicht zum Teil gebündelt.

Inhalt

In den ersten beiden Kapiteln wird der Protagonist, der 32-jährige Germanist Dr. Jakob Fabian, vorgestellt. Er spaziert durch Berlin und besucht einen Klub, der der Anbahnung von Bekanntschaften dient. Dort lernt er die verheiratete Irene Moll kennen. Als er bei ihr zu Hause ist, erfährt er, dass Irene mit ihrem Ehemann einen Vertrag aufgestellt hat, dass sie mit Wissen ihres Mannes Liebhaber einladen kann. Fabian gelingt es, der ihn begehrenden Irene zu entfliehen.

Kap. 1 und 2: Vorstellung Fabians, Begegnung mit Irene Moll

In den nächsten beiden Kapiteln besteht der Schwerpunkt in der Schilderung der Arbeitstätigkeit Fabians als „Propagandist", als Werbetexter für eine Zigarettenfirma. Fabian besucht eine Zeitungsredaktion, diskutiert mit den Redakteuren Malmy und Münzer über den Wahrheitsgehalt von Pressemeldungen. Auch im Gespräch mit seinem Arbeitskollegen Fischer geht es um Manipulation, nun im Bereich der Werbung. Fabian beschäftigt sich mit dem Philosophen Descartes und besucht seinen Freund Labude, der noch nichts von der Annahme seiner Habilitationsschrift gehört hat.

Kap. 3 und 4: Fabian als Werbetexter, Diskussion über Manipulation in Medien, Besuch des Freundes Labude

Die beiden Freunde ziehen nun los, steigen ein in das Nachtleben von Berlin. Die Kapitel 5–10 zeigen ein Panorama der Berliner Vergnügungsstätten. Fabian und Labude besuchen ein Bordell und Tanzsäle, diskutieren dort

Kap. 5–10: Panorama Berliner Vergnügungsstätten

über das richtige Verhältnis zu Geld und Macht, erhalten diverse sexuelle Angebote von Damen aller Art, treffen Irene Moll wieder, die nicht von Fabian lassen kann. In einem Kabarett, in dem „Halbverrückte" auftreten, treffen sie auf einen reichen Badewannenfabrikanten mit Familie, der im Gegensatz zu ihnen eine solide, gesicherte Existenz aufweist. In einem Atelier und im Klublokal „Die Cousine" lernen die Freunde lesbische Künstlerinnen kennen. Ein Mädchen unterscheidet sich von den anderen: die beim Film angestellte Rechtsreferendarin Cornelia Battenberg. Sie und Fabian verlieben sich ineinander. Beide entdecken, dass sie bei der gleichen Wirtin zur Untermiete wohnen (Kap. 10). Zuvor werden Fabian und Labude Zeugen einer Schießerei zwischen Kommunisten und Nationalsozialisten (Kap. 6). Sie helfen den Verwundeten. Im 8. Kapitel besuchen die Freunde den Vater von Labude in einer Villa im Grunewald. Labude erzählt Fabian von seiner Sorge wegen der Ungewissheit, ob seine Habilitationsschrift angenommen werde, und wegen der Gewissheit, dass seine Freundin Leda ihm untreu war und er deswegen die Beziehung beendet habe.

Fabians Liebe zu Cornelia Battenberg

Zeugen bei Schießerei

Ungewissheiten Labudes

Kap. 11–13: Kündigung Fabians, Begegnung mit dem Erfinder Kollrepp

Gerade als Fabian den Wert von persönlicher Bindung und damit auch den seiner Arbeit entdeckt, wird ihm gekündigt (Kap. 11). Die neue Liebe scheint dadurch nicht gefährdet. Bei einem Spaziergang durch Berlin begegnet er dem Erfinder Kollrepp, den er bei sich übernachten lässt und mit dem er über den Nutzen neuer Technologien reflektiert (Kap. 12). Labude, aber auch Fabians Mutter (Kap. 13) erfahren zunächst nichts von der Arbeitslosigkeit Fabians. Auf dem Arbeitsamt kann man ihm nicht helfen.

Kap. 14: Traum Fabians

Das 14. Kapitel bündelt in der Darstellung eines Albtraums Fabians alle zentralen Motive des Romans.

Kap. 15–17: Abstieg Fabians, Verlust Cornelias

Der Abstieg, die Haltlosigkeit und der zunehmende Zynismus Fabians werden in den Kapiteln 15–17 geschildert. Nun wird er Zeuge einer gewaltsamen Auseinandersetzung zwischen Arbeitern und Polizei. Mit einer verheirateten Kunstreiterin beginnt er ein kurzes Verhältnis, da

Claudia Fabian verlassen hat, um als Filmschauspielerin ihren Lebensunterhalt zu verdienen und Karriere machen zu können. Dazu muss sie sich zum Kummer Fabians mit dem Filmproduzenten einlassen. Ein erneutes Treffen mit Claudia verändert die Situation der beiden nicht.

In den nächsten drei Kapiteln (Kap. 18–20) wird zunächst der Selbstmord Labudes im Kreis der Künstlerinnen des Ateliers dargestellt. Aus einem Abschiedsbrief an Fabian geht hervor, dass er aus der – wie sich später herausstellt – irrigen Annahme, seine Habilitationsschrift sei abgelehnt, aus Enttäuschung wegen Leda und aus Resignation über seine politische Wirkungslosigkeit aus dem Leben scheidet. Fabian und die Eltern Labudes entdecken, dass dessen erfolgloser Konkurrent ihn mit der Lüge über die angebliche Unmöglichkeit seiner Habilitation in eine verzweifelte Lage gebracht hat.

Kap. 18–20: Selbstmord Labudes aufgrund irriger Annahme

Die letzen drei Kapitel (Kap. 21–24) spielen vorwiegend in Dresden, der Heimatstadt Fabians. Wieder begegnet ihm auf der Zugfahrt nach Dresden Irene Moll, die ihm ein letztes Mal ihre Liebe und ihr Geld anbietet, doch Fabian lehnt wieder ab. Er vertraut sich seiner Mutter an, sucht Orte der Kindheit wie seine ehemalige Schule auf und hofft, hier eine Arbeit zu finden. Ein Angebot, an einer rechts gerichteten Zeitung mitwirken zu können, lehnt er nach kurzem Zögern ab. Auch plant er, sich in die Berge zurückzuziehen. Doch bevor er sein Vorhaben in die Tat umsetzen kann, ertrinkt er, der Nichtschwimmer, bei der Rettung eines Jungen.

Kap. 21–24: Rückkehr Fabians in Heimatstadt, Tod beim Rettungsversuch eines vermeintlich ertrinkenden Jungen

Personen

Jakob Fabian stammt aus kleinbürgerlichen Verhältnissen, seine Eltern besitzen einen Seifenladen in Dresden. Zur Mutter hat er eine sehr enge Beziehung. Im Ersten Weltkrieg dient er als Soldat. Er hat Germanistik studiert, ist promoviert und hat in den Zeiten der Krise keine angemessene Stellung gefunden.

Zu Beginn des Romans arbeitet er als Werbetexter in einer Zigarettenfirma. Zuvor hat er sich mit verschiedenen Tätigkeiten wie z. B. Adressenschreiben über Wasser

Prekäre Situation Fabians

gehalten, über die er sich aber nur sarkastisch äußern kann. Der Grad seiner Verzweiflung über seine Art von Arbeit lässt sich daran ermessen, dass er – auf Nachfrage nach dem Thema seiner Dissertation – nur zynisch antworten kann: „Hat Heinrich von Kleist gestottert?" (S. 42).

Er sieht seine intellektuellen Bemühungen als nutzlos an. Er fühlt sich desorientiert in einem Berlin, das ihm immer mehr den Verfall der Sitten zeigt. Mitunter sehnt er sich nach seinem Zuhause, nach Übersichtlichkeit und weiß doch, dass überall die Welt aus den Fugen geraten wird:

> „Was hatte er hier in dieser Stadt, in diesem verrückt gewordenen Steinbaukasten zu suchen? [...] Den Untergang Europas konnte er auch da abwarten, wo er geboren war." (S. 46)

Als ihm in der Zigarettenfirma gekündigt wird, ist er zuerst guten Mutes, erneut eine Stelle zufinden, aber er resigniert schnell. Das Arbeitsamt erscheint ihm als paradoxe Konstruktion, die ihn nach vielen Irrwegen wieder an die Stelle schickt, an der er zuerst angefragt hat. Aber es fehlt ihm auch an Ehrgeiz, Durchsetzungsvermögen und Zielen. Weder Geld noch Macht reizen ihn. Im Gespräch mit Labude gibt er zu erkennen, dass er sein eigentliches Lebensziel als nicht realisierbar einschätzt: „Ich weiß ein Ziel, aber es ist leider keines. Ich möchte helfen, die Menschen anständig und vernünftig zu machen. Vorläufig bin ich damit beschäftigt, sie auf ihre diesbezügliche Eignung hin anzuschauen." (S. 54)

Fabian versteht sich als ein Beobachter. In seinen diversen Erkundigungen Berlins gerät er in Kontakt mit Angehörigen aller Schichten, er hat also viele Gelegenheiten, Menschen aller Art zu studieren. Er sieht sich als Augenzeuge sexueller Ausschweifungen und politischer Straßenkämpfe. Er engagiert sich nicht politisch, ist viel durch Berlin unterwegs und hilft in individuellen Fällen: Er gibt z. B. Cornelia mehrfach Geld, er unterstützt einen Bettler und den obdachlosen Erfinder, er verbündet sich mit einem stehlenden Mädchen.

Marginalien:
- Passivität, Mangel an Zielen
- Zweifel an der Realisierbarkeit des Wunsches, Anstand durchzusetzen
- Selbstverständnis als Beobachter

Seine passive Haltung zeigt sich auch gegenüber Frauen. Meist übernehmen sie die erotische Initiative. Immer wieder besucht er Vergnügungsstätten und wird von Frauen erobert. Nur bei seiner Liebe Cornelia Battenberg wagt er den ersten Kuss.

Passivität Frauen gegenüber

Nachdem Cornelia ihn verlassen hat, leidet er, wird traurig, tröstet sich mit anderen Frauen. Cornelias Verhältnis mit dem Filmproduzenten bewertet er als amoralisch. Doch der Tod Labudes berührt ihn derart, dass er zunächst innerlich erstarrt. Dann wird er aktiv und geht dem Motiv des Selbstmordes nach. Als der missgünstige Assistent sagt, er habe nur „aus Scherz" Labude belogen, schlägt Fabian auf ihn ein. Doch dann zweifelt er am Sinn seiner Aktionen.

Verhalten nach Verlust

> „Nun hatte die Gerechtigkeit gesiegt, und aus dem Selbstmord wurde nachträglich ein tragischer Witz." (S. 208)

Als er alles verliert – die Arbeit, Cornelia, seinen Freund Labude –, verlässt er Berlin, sucht in seiner Heimatstadt Spuren der Kindheit, verweigert sich letztendlich, für eine rechte Zeitung zu arbeiten. Sein Tod ist sinnlos, das Kind wäre auch ohne ihn gerettet worden. Das jähe Ende des Romans unterstreicht die Ausweglosigkeit Fabians. Sein Wunsch kurz vor dem Tod, ins Gebirge zu reisen, vielleicht von einem übergeordneten Standpunkt die Welt zu betrachten, hat sich durch den Sprung in das tiefe Wasser nicht mehr erfüllt.

Sinnlosigkeit von Fabians Tod

Im Gespräch mit Cornelia äußert er zuvor, dass Selbstmord für ihn keine Alternative sei:

> „Ich bin ein Melancholiker, mir kann nicht viel passieren. Zum Selbstmord neige ich nicht, denn ich verspüre nichts von jenem Tatendrang, der andere nötigt, so lange mit dem Kopf durch die Wand zu rennen, bis der Kopf nachgibt. Ich sehe zu und warte. Ich warte auf den Sieg der Anständigkeit, dann könnte ich mich zur Verfügung stellen." (S. 100)

Melancholisches Warten auf den „Sieg der Anständigkeit"

Auch der Tod war von Fabian nicht aktiv geplant.

Vergleich Labude – Fabian

Stefan Labude hat einen ähnlichen Werdegang wie Fabian. Die beiden haben gemeinsam studiert, doch Labude hat in den letzten fünf Jahren an seiner Habilitation über Lessing gearbeitet. Labude stammt aus einem reichen Elternhaus und leidet an dem kühlen Verhältnis seiner Eltern zu ihm. Die Mutter ist häufig abwesend. Er selbst sieht sich als moralisch an. Labude besitzt eine Zweitwohnung in der Stadt, in der er ungestört studieren und sich Gedanken über soziale Veränderungen machen kann. Doch dies ist nicht der einzige Unterschied der beiden Freunde. Labude ist derjenige, der plant – im privaten als auch im politischen Bereich.

> „Labude war ein moralischer Mensch, und es war schon immer sein Ehrgeiz gewesen, seinen Lebenslauf ohne Konzept und ohne Fehler gleich ins reine zu schreiben. Er hatte als Kind niemals Löschblätter bekritzelt. Sein Sinn für Moral war eine Konsequenz der Ordnungsliebe." (S. 114)

Misserfolge der Pläne und Aktionen

Selbstmord aufgrund falscher Annahme

Doch die Pläne gehen nicht auf. Er hat vor, die in Hamburg lebende Leda nach erfolgreicher Habilitation zu heiraten. Zuvor pflegen die beiden eine Wochenendbeziehung, doch Leda wird Labude untreu. Er versucht gar nicht, mit ihr über die Situation zu reden; ohne zu überlegen beendet er die Beziehung. „Der seelische Stundenplan war gefährdet." (S. 114 f.) Genauso beendet er sein Leben, er hinterfragt z. B. nicht die möglichen Gründe für die Ablehnung seiner Arbeit. Er hätte ansonsten erfahren, dass seine Arbeit nach Einschätzung seines Professors „die reifste literarhistorische Arbeit der letzten Jahre" (S. 204) darstellt. So ist sein Tod sinnlos und basiert auf einer falschen Annahme. In seinem Abschiedsbrief nennt er – ordentlich wie er ist – die Motive seines Selbstmords (S. 185 f.).

Schwärmerische Ideale – Besserung des Menschen über die Besserung der Zustände

Insgesamt ist Labude aktiver als Fabian. Auch im politischen Bereich versucht er Veränderungen. Er hat Ideale, will schwärmerisch die „Besserung des Menschen" über die „Besserung der Zustände" erreichen.

Fabians Begegnungen mit Frauen

Drei Frauentypen begegnet Fabian: den Sexlüsternen, zu denen Irene Moll und etliche Bekanntschaften in der Berliner Nachtwelt, aber auch seine Vermieterin Hohlfeld gehören, den modernen selbstständigen Frauen wie Cornelia und der selbstlosen, ihn stets unterstützenden Mutter, zu der er am Ende zurückkehrt. Bis auf diese werden die Frauenfiguren eher negativ gezeichnet. Die Bindungen sind kurzlebig und entsprechen so dem allgemeinen Werteverfall.

Drei Frauentypen

Irene Moll verkehrt die konventionellen Geschlechtsrollen ins Gegenteil. Da ihr Ehemann ihren Hunger nach Sex nicht befriedigen kann, kann sie per Vertrag mit ihm sich Liebhaber ins Haus holen. Fabian widersteht ihren aufdringlichen Annäherungsversuchen, doch dies reizt noch mehr ihr Verlangen nach ihm. Irene Moll ist lebensbejahend, zupackend, pragmatisch, kann sich den Verhältnissen schnell anpassen. Als Ehemann Moll wegen Unterschlagung fliehen muss, eröffnet Irene das von ihr schon lange gewünschte Männerbordell, das Frauen besuchen können. Sie bezichtigt Fabian des falschen Stolzes, er könne hier nicht als Prostituierter arbeiten, aber sie bietet ihm eine Stelle als Sekretär im Bordell an, die Fabian jedoch ablehnt. Als sie Fabian auf der Fahrt in die Stadt seiner Kindheit wieder begegnet, ist sie unterwegs nach Budapest auf der Flucht, weil ihr illegal betriebenes Etablissement aufgeflogen ist. Sie bietet ihm viel Geld und ein gemeinsames Leben im Luxus an. Fabian verzichtet weiterhin.

Irene Moll

Die studierte junge Cornelia Battenberg wird Fabians große Liebe. Sie fällt ihm auf im freizügigen Kreis der lesbischen Bildhauerin Ruth Reiter. „Wie kommen Sie eigentlich in diesen Saustall?" (S. 89) eröffnet Fabian das Gespräch mit Claudia. Damit ist klar, was sie für ihn zunächst bedeutet: ein Gegenpol der Reinheit zum verkommenen Berlin. Doch Claudia selbst sieht sich nicht als Engel, analysiert offen den Warencharakter von Liebe und deren Unmöglichkeit in Zeiten wirtschaftlicher Not. Gleichzeitig sehnt sie sich aber auch nach Liebe.

Cornelia Battenberg

Als Rechtsreferendarin bei einer Filmgesellschaft verdient sie wenig. Fabian schlägt ihr vor, es als Filmschauspielerin zu versuchen. Als Fabian arbeitslos wird, gelingt ihr dies auch, aber nur unter der Bedingung, ein Verhältnis mit dem Filmproduzenten Makart einzugehen. Die Liebe zwischen Cornelia und Fabian zerbricht, obwohl sie sie bewahren möchte und nur als Tribut an die Verhältnisse die Liaison mit Makart eingeht. Im Gegensatz zu Fabian kann sie zwischen Verhaltensweisen, die der Beruf erfordert, und den privaten Gefühlen trennen.

Neusachliche Liebe

Sowohl in den unverbindlichen Beziehungen im Umkreis der Vergnügungsstätten als auch in der Verbindung von Fabian und Cornelia ist „Liebe" eine körperliche Notwendigkeit, eine Ware, ein Vertrag mit genauen Regeln. Als Fabian z. B. den Klub zur Anbahnung von Bekanntschaften besucht, wird er mit den Statuten bekannt gemacht:

Warencharakter der Liebe

> „Mitglieder, die einander vorübergehend zu gegenseitigem Befund Gelegenheit gaben, werden ersucht, das wieder zu vergessen, da nur auf diese Weise Komplikationen vermeidbar sind." (S. 15)

Nähe schafft also Probleme. So sieht es auch Cornelia. Zunächst wirft sie den Männern ungerechte Erwartungen an die Frauen vor: „Ihr wollt den Warencharakter der Liebe, aber die Ware soll verliebt sein. Ihr zu allem berechtigt und zu nichts verpflichtet, wir zu allem verpflichtet und zu nichts berechtigt, so sieht euer Paradies aus." (S. 41) Doch Fabian führt ihr die Problematik der Männer unter schlechten ökonomischen Bedingungen vor: In Zeiten von Arbeitslosigkeit könnten sie keine Verantwortung für eine Frau übernehmen. Mit Ausnahme der Beziehung zu Cornelia sind auch Fabians Begegnungen mit Frauen zweckorientiert:

Liebe unter schlechten ökonomischen Bedingungen

> „Er hatte mit vielen Frauen und Mädchen geschlafen, das war richtig, aber neben ihnen?" (S. 146)

Cornelias sachliche Doppelstrategie, mit Makart ins Bett zu gehen, so die Existenz mit Fabian zu sichern und diesen weiterhin zu lieben, verwirrt Fabian.

> „Ich gehe von Dir fort, um mit Dir zusammenzubleiben." (S. 162)

Von Makart kann sie sich distanzieren, wie sie in ihrem Abschiedsbrief an Fabian schreibt: „Mir ist, als hätte ich mich an die Anatomie verkauft. […] Ich werde mir einbilden, der Arzt untersucht mich." (Ebd.) Gleichwohl sieht sie diesen Weg als „dreckig" an. Der erste Film, in dem Cornelia mitspielt, trägt den Titel *Die Masken der Frau Z.*, eine Anspielung auf die verschiedenen Rollen der Cornelia. Sowohl Irene Moll als auch Cornelia Battenberg arrangieren sich mit den Verhältnissen, unterkühlen ihre Gefühle und überleben gerade dadurch. Die modernen, sachlichen, eher stereotyp dargestellten Frauen jedoch sind aus der Sicht Fabians aggressiv und unmoralisch.

Negative, oft karikierende Darstellung „moderner" Frauen

Der Moralist Fabian – Weltsicht und politische Einstellung

Aufgrund der im Roman dargestellten wenig optimistischen politischen Haltungen bzw. Lebenseinstellungen, die bei beiden Hauptfiguren zum Tode führen, ist der Text oft negativ kritisiert worden. Allerdings ist dagegen einzuwenden, dass Kästner selbst den Roman als mahnende und moralische Satire verstanden haben wollte. In seinem Vorwort von 1950 weist er auf die Funktion der ursprünglich von ihm geplanten Titel wie „Der Gang vor die Hunde" hin. Der Roman – so Kästner – „wollte vor dem Abgrund warnen, dem sich Deutschland und damit Europa näherten." (S. 10) Immer wieder diskutiert Fabian mit den Vertretern unterschiedlicher gesellschaftlicher Schichten. Damit hat das Werk an einigen Stellen auch den Charakter eines Thesenromans. Fabian möchte trotz unübersichtlicher gesellschaftlicher Verhältnisse moralisch sauber bleiben. Cornelias Weg, sich „dreckig" zu machen, um aus dem „Dreck" herauszukommen,

Kästner: *Fabian* als Warnung

Pessimistisches Menschenbild

lehnt er ab. Er besitzt ein negatives Menschenbild und eine pessimistische Vorstellung von Geschichte. Im Gespräch mit Labude wirft er diesem einen naiven Glauben an die Realisierung einer humanen Gesellschaft vor:

> "Noch in deinem Paradies werden sie sich die Fresse vollhauen!" (S. 54)

Später betont er nochmals in der Auseinandersetzung mit Labude, dass er nicht glaube, dass sich „Vernunft und Macht jemals heiraten werden" (S. 80). Er verwirft damit alle politischen Konzepte, die auf vernünftiger Einsicht des Menschen beruhen. Egoismus und Machtwillen seien so dominant, dass jeglicher neue politische Systementwurf scheitern müsse:

> „Was nützt das göttlichste System, solange der Mensch ein Schwein ist?" (Ebd.)

Als er sich von dem toten Labude verabschiedet, entwickelt er die Vision eines in naher Zukunft eintretenden Krieges (S. 193). Die Wurzeln dieses Geschichtspessimismus liegen in Fabians Erlebnissen im Ersten Weltkrieg. Ähnlich wie damals fühlt er sich auch heute als Wartender, als jemand, dessen Luft zum Leben immer dünner wird.

Wartesaal Europa

> „Und jetzt sitzen wir wieder im Wartesaal, und wieder heißt er Europa! Und wieder wissen wir nicht, was geschehen wird." (S. 62)

Als er am Ende plant, sich ins Gebirge zurückzuziehen, will er dies tun, weil er nicht weiß, wessen Partei er einnehmen soll. Doch an dieser Stelle schaltet sich ein Erzähler ein und fragt:

> „Worauf wartete er seit Jahren? Vielleicht auf die Erkenntnis, daß er zum Zuschauer bestimmt und geboren war, nicht, wie er heute noch glaubte, zum Akteur im Welttheater?" (Ebd.)

Die depressive Lähmung seines Lebenshungers ist auch ein Motiv, warum Fabian sich nicht politisch engagiert.

Tendenziell ergreift er bei der Schießerei zwischen Radikalen die Partei des Kommunisten, dessen Schimpfwort „Kleinbürger" er für sich bejaht. Aber auch in der Sympathie für den Kommunisten zeigt sich sein kritisches Menschenbild: „Man ist noch nicht gut und klug, bloß weil man arm ist." (S. 66) Insgesamt ist er gegen Krieg und sonstige Gewaltanwendungen.

Kleinbürger

Fabian zieht etliche Quellen aus der Kulturgeschichte hinzu, um sein Weltbild zu unterstützen:

– Die Graphik „Der Fortschritt" (Originaltitel: „Die Schnecken, die nicht sympathisch sind") des französischen Malers und Karikaturisten Honoré Daumier (1808–1879) zeigt Schnecken, die hintereinander schleichen (siehe Abb. S. 110). Fabian erinnert sich an dieses Bild im leicht betrunkenen Zustand und sieht vor seinem inneren Auge, wie die Schnecken im Kreise gehen (S. 40). Damit verstärkt er noch Daumiers bissige Kritik am langsamen Fortschritt, er projiziert seine zyklische, fortschrittskritische Auffassung von Entwicklung in dieses Bild.

Daumiers Graphik „Der Fortschritt"

– Das Denken des französischen Philosophen René Descartes (1596–1650), das die Betrachtung von Zweifel, Selbstgewissheit und Selbstständigkeit im Denken in den Mittelpunkt rückt, gehörte zu den Prüfungsthemen des Studenten Fabian, aber dieser erinnert sich kaum noch an Descartes' Theorie. Nun liest er die Stelle, in der Descartes als reifer, wohlsituierter Mann beschließt, nicht mehr zu zaudern, sondern seine eigene Revolution des Denkens einzuleiten. „Fabian lachte, legte den Philosophen beiseite" (S. 49) – zu groß ist die Diskrepanz zwischen Descartes' Situation und seiner eigenen.

Descartes

– Arthur Schopenhauer (1788–1860) als Hauptvertreter des Pessimismus sagt, dass höhere Entwicklung nur durch Verneinung des (bösen) Willens, die z. B. durch mitleidige Handlungen gelingt, möglich sei. Dauerhafte Erlösung vom Daseinsdrang geschehe jedoch nur durch Eingehen ins Nichtsein. Fabian entdeckt einen Band von Schopenhauer auf einem der Antiquariats-

Schopenhauer

„Der Fortschritt". Graphik von Honoré Daumier –
© *Honoré-Daumier-Gesellschaft, Mönchengladbach*

tische in der Buchabteilung des „Kaufhaus des Westens". Er schätzt diesen Philosophen, diesen „verbiesterten Onkel der Menschheit" (S. 135) mit Ausnahme der Einflüsse indischer Heilslehre auf dessen Denken. Selbst die seltene Erlösung à la Schopenhauer gibt es also für Fabian nicht. Im Kaufhaus schlägt er eine Stelle auf, in der Schopenhauer sich auf den griechischen Philosophen Platon bezieht.

Platon
– Von Platon (427 v. Chr. – 348/347 v. Chr.) übernimmt Schopenhauer eine Charaktertypologie, in der er zwei Wesenseigenschaften – εὔχολος (heiter) und δύσχολος (unzufrieden, mürrisch) – aufführt. Der Unterschied zwischen einer heiteren, gelassenen Person und einem Griesgram resultiere aus einer unterschiedlichen Art der Empfänglichkeit für angenehme

bzw. unangenehme Eindrücke. Die mürrische, ängstliche Person ärgert sich besonders über eine misslungene Tat und befürchtet eher imaginäres Unglück, hat aber den Vorteil, dadurch weniger reale Leiden durchstehen zu müssen,

> „denn wer alles schwarz sieht, stets das Schlimmste befürchtet und demnach seine Vorkehrungen trifft, wird sich nicht so oft verrechnet haben, als wer stets den Dingen die heitere Farbe und Aussicht leiht." (S. 136)

Fabian bekennt hier nicht klar Position, welcher Typus nun die bessere Einstellung aufweise. Ironisch bricht er seine Reflexionen ab. Sofort nach der Lektüre hilft er aus Mitleid dem Mädchen, das für den Vater einen Aschenbecher gestohlen hat.

– Bieten die bisher genannten Philosophen und auch Daumier tendenziell eher Verstärkung für Fabians Pessimismus, so dient ihm Lessing (1729–1781), der Schriftsteller und Kritiker der Aufklärung, als „ein Kerl" der klaren, kämpferischen Stellungnahme und der öffentlichen Existenz. Zu dem toten Labude sagt er, auf das Bild Lessings zeigend: „Der biß zu und kämpfte und schlug mit dem Federhalter um sich […] der lebte gar nicht seinetwegen, den gab es nicht privat" (S. 192). Aber Lessings Kampfgeist kann Fabian nicht aufrütteln. Er zerstört das Bild Lessings. Fabian erwartet den nächsten Krieg. Selbst dann, wenn einige wenige Männer die Wahrheit sprächen, so werde man sie aufhängen.

<small>Lessing</small>

Fabians abwartende Haltung entspricht seiner Melancholie: „Ich bin ein Melancholiker, mir kann nicht viel passieren." (S. 100) So wie der Rekurs in die Kulturgeschichte, so unterstützen auch seine Beobachtungen des Alltags sein pessimistisches Lebensgefühl. Mit dem Gefühl der Ohnmacht geht er immer wieder ironisch um. Als ihn z. B. während der Lektüre des Bandes von Schopenhauer die Buchverkäuferin fragt, ob sie ihm behilflich sein könne, fragt er brüsk zurück: „Haben Sie baumwollene Socken?" (S. 136) Diese unangemessene Antwort

<small>Gefühl der Ohnmacht</small>

zeugt von Schmerzen verschiedener Art: Er kann sich aus Geldmangel sowieso nichts kaufen, er bricht die philosophische Auseinandersetzung ab, da er sie aufgrund seiner verzweifelten Einstellung nicht fruchtbar weiterführen kann.

Rettung der Moral im Kleinen

Trotz der negativen Grundhaltung versteht sich Fabian selbst als moralisch inmitten einer Welt des Werteverfalls. Er kämpft nicht für ein besseres System, aber er möchte den Anstand, die Moral im Kleinen retten, obwohl ihm die Vergeblichkeit dieser Hoffnung klar ist. Die These, dass eine materielle Verbesserung zu einer moralischen führe, hält er für fragwürdig: „Dann mußten ja die Beherrscher der Ölfelder und der Kohlengruben wahre Engel sein!" (S. 210).

Fabian beklagt die ‚Unmoral' seiner Zeitgenossen. Eine liberale Haltung gegenüber sogenannten Außenseitern (z. B. Künstlern, Homosexuellen) hat er allerdings nicht.

Karikatur von Künstlern und Homosexuellen

Er orientiert sich weiter an der kleinbürgerlichen Ordnung, als könne er so die Auflösungstendenzen der Krisenzeit stoppen. Dazu gehören Werte wie Ehrlichkeit, Treue der Frau, Familie, Hilfsbereitschaft, Verneinung von Gewalt. Doch als Labude tot ist, zweifelt er an seinem Konzept der individuellen moralischen Besserung:

> „Waren jene humanen, anständigen Normalmenschen, die er herbeiwünschte, in der Tat wünschenswert?" (S. 210)

Moralistik

Im Untertitel des Romans wird Fabian als Moralist bezeichnet. Ein „Moralist" ist ein Anhänger der philosophisch-literarischen Disziplin der Moralistik. Moralisten beobachten, beschreiben und interpretieren seelisch und gesellschaftlich bedingte Verhaltensweisen der Mitmenschen. Fabian versteht sich als Beobachter, der erst erkunden möchte, ob die Menschen überhaupt in der Lage sind, aus Vernunft und Anstand heraus zu handeln (S. 54). Seine Verneinung dieser Fähigkeit zeigt sich an vielen Stellen (s. o.), z. B. nur Kinder und Greise gelten ihm nicht als „Verrückte" (S. 100). Ein Moralist beobachtet, muss nicht aktiv eingreifen – auch dies entspricht Fabians Einstellung.

In seinem Vorwort reiht Kästner sich als Autor in die Tradition der Moralisten ein. Er sieht seinen Roman als satirische Warnung vor dem „Abgrund", vor dem nur die Vernunft retten kann:

> „Der Moralist pflegt seiner Epoche keinen Spiegel, sondern einen Zerrspiegel vorzuhalten." (S. 10)

Auch in dem geplanten Nachwort „Fabian und die Sittenrichter", das jedoch durch den Einspruch des Verlegers zunächst nicht veröffentlicht wurde, verwehrt er sich des Vorwurfs der Pornografie und wiederholt, dass er ein Moralist sei.

Labude erscheint im Gegensatz zu Fabian aktiver, er arbeitet politisch. Doch seine Utopien sind sehr schwärmerischer Natur. In der Hamburger Universität hält er einen Vortrag vor Studenten, in dem er auf der Grundlage der Kritik am Kapitalismus die Jugend Europas aufruft, „den kontinentalen Ruin" (S. 79) aufzuhalten und Europa zu reformieren. Seine Mittel der Reform sind sehr idealistisch, Verbesserungen sollen erreicht werden

> „durch freiwillige Kürzung des privaten Profits, durch Zurückschraubung des Kapitalismus und der Technik auf ihre vernünftigen Maße, durch Steigerung der sozialen Leistungen, durch kulturelle Vertiefung der Erziehung und des Unterrichts." (S. 79)

Eine entsprechende „radikalbürgerliche" Gruppe bildet sich, doch in seinem Abschiedsbrief spricht er vom Scheitern des Projekts.

Beide Intellektuelle gehen an dem Versuch zugrunde, ‚moralisch' in unmoralischer Zeit, in Krisen des Kapitalismus und der politischen Radikalisierung zu sein. Fabian kann z. B. nicht pragmatisch die Angebote von Irene Moll annehmen, ohne sich korrumpiert zu fühlen. „Lernt schwimmen!" ist die letzte Teilüberschrift des Romans. Sie bezieht sich zunächst auf Fabians unreflektierten Hilfseinsatz, als Nichtschwimmer in die Elbe zu springen. Das Kind, von Fabian als Hort der ungekünstelten Reinheit gepriesen, besitzt bereits die Kunst des

---

Kästner als Moralist

Labudes Ideale

Paradoxie: moralisch sein in unmoralischer Zeit

Schwimmens und überlebt. In der paradoxen Zuspitzung von (scheinbar) moralischem Handeln und dessen Sinnlosigkeit wird eine der Grundfragen des Romans satirisch überhöht. Mit diesem Tod bzw. auch verkappten Selbstmord („Warum lebte er denn noch, wenn er nicht wußte, wozu?", S. 211) wird Fabians Einstellung karikiert. Fabian ist eine Figur, die zur Reflexion über Moral und Verhältnisse anregt, sie hat keine Vorbildfunktion. Kästner lässt offen, worin der richtige Weg bestehen könnte, als „Warner" muss er keine Alternativen zeigen.

Die beiden Intellektuellen sind nirgends integriert. Labude, der sich vor seinem Tod als lächerlich sieht, beklagt in seinem Abschiedsbrief die politische Situation und die sexuelle Libertinage (S. 186). So schlägt auch sein Herz für Kinder, da sie noch Ideale haben können.

Auch Fabian kennt das Gefühl mangelnder Verortung: „Er, Fabian, schwebte, weil er nicht schwer genug war, im Raum und lebte weiter." (S. 211) Damit kritisiert Kästner den Begriff der „freischwebenden Intelligenz", den der Soziologe Karl Mannheim 1929 geprägt hat. Darunter wird der Intellektuelle verstanden, der relativ unabhängig von seiner Klassenzugehörigkeit und damit auch von einem ideologischen Standpunkt sich kritisch und unvoreingenommen der gesellschaftlichen Analyse widmen kann. Er soll über den Dingen schweben, doch gerade dieses „Schweben" bedeutet für Fabian Armut und Vereinzelung und führt zu seinem Fall.

Mannheims Begriff der „freischwebenden Intelligenz"

Medien und Metropole

Fabians Gefühl des Verlorenseins wird dadurch verstärkt, dass die üblichen Medien intellektueller Auseinandersetzung ihm keinen Halt mehr bieten. Aufklärerische Denker wie Descartes und Lessing erreichen ihn nicht mehr. Nach dem Tod Labudes zerstört er z. B. Lessings Bildnis. Die Nachrichten in den Zeitungen sind manipuliert, wie er mit Abscheu schon zu Beginn des Romans feststellt. Sie sind nur ein Teil der Zerstreuungskultur. Der Roman beginnt mit einer Reihung von Schlagzeilen aus den unterschiedlichsten Bereichen. Fabian resümiert ironisch:

Fehlen eines intellektuellen Halts

Manipulation durch Medien

„Das tägliche Pensum. Nichts Besonderes." (S. 11) Beim Besuch der Zeitungsredaktion lernt er nur zynische Journalisten kennen. Dennoch hat die Zeitung eine wichtige kommunikative Funktion. Kollrepp erfährt über Zeitungslektüre von der Geburt der Enkelin; der Vater von Labude wird über die Zeitung vom Selbstmord seines Sohnes erfahren, mutmaßt der Diener. Die Medien dienen also auch als Ersatz für direkte Verständigung, die bei den zerrütteteten Beziehungen nicht möglich ist.

Fabian arbeitet zwar zunächst auch in der Medienbranche, in der Werbung, sieht dies jedoch als sinnlos an. Seine Trauer über den Sinnverlust wird auch in der Verkehrung des Motivs des Grimm'schen Sterntaler-Märchens deutlich. Aus einem Flugzeug regnet es Taler auf die Passanten. Doch die Taler dienen der Werbung für eine „Exotikbar" (S. 13). Insgesamt werden die Medien negativ dargestellt – korrupt, verlogen, zerstörerisch in Beziehungen eingreifend, die Zersplitterung des Daseins forcierend oder als Ersatz für Beziehungen fungierend.

Zerstörerische Wirkung der Medien

Glanz und Glamour werden bei Kästner als hohler Schein entlarvt. Entsprechend ist die Hauptfigur des Romans nicht vom Lichterglanz Berlins fasziniert. „Die Häuserfronten waren mit buntem Licht beschmiert" (S. 12) heißt es schon im ersten Kapitel. Die Großstadt ist für ihn ein Rummelplatz. Nachdem Cornelia ihn verlassen hat, sieht er in Berlin nur noch „dieses hoffnungslose, unbarmherzige Labyrinth" (S. 161).

Großstadt als bedrohliches Labyrinth

Technik – Professor Kollrepp

Eine lebensbejahende und gleichzeitig kritisch denkende Figur ist Professor Kollrepp. Er setzt sich neben den arbeitslosen Fabian auf eine Parkbank (11. Kapitel) und eröffnet das Gespräch über Maschinen, gibt sich als renommierter Ingenieur und Erfinder von Maschinen zu erkennen. Doch er fühlt sich schuldig, ist auf der Flucht vor seiner Familie, die ihn in die Psychiatrie sperren will. Die von ihm entwickelten Geräte dienen der Rationalisierung, viele Menschen wurden durch seine Erfindungen arbeitslos.

Kritik an Rationalisierung durch technische Neuerungen

> „Meine Maschinen waren Kanonen, sie setzten ganze
> Armeen von Arbeitern außer Gefecht." (S. 112).

Als Akt der Wiedergutmachung fing er an, Geld an die Arbeitslosen zu verschenken. Er lebt nun als Obdachloser, seine Entwürfe für weit effektivere Maschinen veröffentlicht er nicht. Fabian ist von ihm beeindruckt und lässt ihn in seinem Zimmer übernachten. Doch Sanitäter finden Kollrepp dort und er wird in eine psychiatrische Klinik eingeliefert. Auch hier bestätigt sich Fabians Weltsicht in dem Paradox, dass gerade der klar Denkende eingesperrt wird.

In der Figur der Vermieterin Hohlfeld zeigt sich im Gegensatz zur kritischen Haltung Kollrepps und der indifferenten Einstellung Fabians eine naive Technikgläubigkeit. Sie glaubt aufgrund eines Zeitungsberichts an die Möglichkeit, durch Senkung des Meeresspiegels neues Land zu gewinnen.

Traum

Im zentralen 14. Kapitel wird der Albtraum Fabians geschildert. Alle Themen des Romans werden darin gebündelt und grotesk bedrohlich überzeichnet. Im Folgenden sind einige ausgewählte Motive des Traums erläutert.

Bündelung aller Themen

Die Topographie des Traums betont die Ausweglosigkeit, die Einsamkeit und Entmenschlichung des Lebensgefühls von Fabian. Straßen und Häuser bieten keine Orientierung, sie sind endlos lang bzw. endlos hoch. Der Traumlogik entsprechend öffnet sich an einem der fenster- und türlosen Häuser ein Tor, das vorher nicht zu sehen war.

Desorientiertheit

Fabians Angst vor Neudefinition bzw. Vertauschung der Geschlechterrollen zeigt sich in der Darstellung des ein Kind gebärenden Direktors Breitkopf. „Die Sekretärin hat sich wieder mal nicht vorgesehen." (S. 146 f.) Auch Irene Moll erscheint in dominanter Gebärde: „Jetzt freß ich dich." (S. 151)

Angst vor „neuer Frau"

Die Kritik an Rationalisierung wird in dem Bild der Hunderttausende von verheizten Kindern benötigenden Maschine zugespitzt ausgedrückt. Auf Fließbändern bewegen sich die Gestalten durch den Traum. Ebenso werden Erwachsene aus glühenden Bessemerbirnen, d.h. aus Gefäßen, in denen ansonsten aus Roheisen Stahl erzeugt wird, auf einen Spiegel gekippt. Der Erfinder Kollrepp wird von einer seiner Maschinen ausgelöscht.

Vernichtung des Menschen durch industrielle Technik

Angst vor Entindividualisierung durch Reproduktion des Einzelnen zeigt sich in der Traumsequenz, in der die aus den Birnen gekippten Menschen ihr Spiegelbild sehen. Fabian gelingt es, seine zweifache Reproduktion als Spiegelbild und als Maschinenmensch und damit das Konzept „Mechanische Seelenwanderung, Patent Kollrepp" zu überwinden.

Entindividualisierung

Doch Fabians Einsamkeit und Distanz zum Leben zeigt sich in dem Bild der erstarrten Menschen unter der Spiegeloberfläche, unter der Glasplatte: „und es war, als seien sie in Bernstein gefangen." (S. 149) Das Motiv des Glases dient öfters zur Charakterisierung von Fabians Gefühl, vom Leben ausgeschlossen zu sein (z.B. „Glasglocke", S. 61). Unter dem Glas entfaltet sich eine groteske Szenerie, die an Gemälde von Otto Dix und George Grosz erinnert. Gewalt, Geilheit und Geldgier dominieren. Kästner spart nicht an drastischen Formulierungen. Fabians Abstand zum „Sündenbabel" der Moderne wird so deutlich.

Motiv des Glases

„Sündenbabel" der Moderne

Sein Wunsch, Cornelia möge sich von den lüsternen Frauen unterscheiden, zeigt sich in der Traumphase, in der sie sich gegen einen Mann wehrt. Im paradoxen Bild des Saales, der keine Wände hat, bestiehlt jeder jeden. Fabian ruft: „Die Anständigkeit muß siegen!" (S. 152) Alle Menschen im Saal bejahen und bestehlen sich weiter gegenseitig. Fabians und Labudes politische Ohnmacht werden hier noch einmal deutlich.

Politische Ohnmacht

Auch im Traum kommt dem Kind die Rolle der moralisch reinen Person zu. Nur das kleine Mädchen stiehlt nicht mehr nach Fabians Aufruf. In der sich anschließenden Kriegsvision singt das Mädchen.

Motiv des reinen Kindes

In der letzten Traumsequenz komprimiert sich Fabians Vorahnung eines Krieges bzw. seine Erinnerung an

Vorahnungen eines Krieges

den Ersten Weltkrieg. Die Toten gelten als Ware, jeder schießt auf jeden. Auch im Traum gibt es also – bis auf das Kind – keine ‚gute' Parteien, alle Menschen sind gleich aggressiv.

Aufbau und Erzähltechnik

Nicht linear strukturiert

Der Roman ist nicht linear strukturiert. Er ist in 24 Kapitel eingeteilt, die insgesamt die Geschehnisse der ca. letzten zwei Wochen im Leben Fabians darstellen. In den Handlungsstrang um Fabian gesellen sich Rückblenden (z. B. Zeit des Ersten Weltkriegs, Schulzeit). Der zweite Handlungsstrang gruppiert sich um Labude, der Spiegel und Ergänzung für Fabians Problematik bedeutet. Durch die Einfügung zweier z. T. ähnlicher Figuren wie die beiden intellektuellen Freunde wird deutlich, dass sie als Angehörige der „freischwebenden Intelligenz" in derselben prekären Situation sind.

Filmisches Erzählen

Die Aufeinanderfolge der jeweils kurzen, unverbundenen Handlungsepisoden erinnert an filmisches Erzählen. Schnelle Szenenwechsel und Dialoge erhöhen das Tempo. Die Hauptperson ist Fabian, überwiegend wird aus seiner Perspektive erzählt. Dieser personale Er-Erzähler kommentiert auch immer wieder das Geschehen, z. B. in erlebter Rede:

> „Da spazierten die Menschen hier unten vorüber und hatten keine Ahnung, wie verrückt es hinter den Mauern zuging!" (S. 24)

Als Fabian plant, ins Gebirge zu gehen, kurz vor seinem Sprung in den Fluss, mischt sich die im Roman seltene auktoriale Stimme ein:

> „Aber war das nicht Flucht, was er vorhatte? Fand sich für den, der handeln wollte, nicht jederzeit und überall ein Tatort?" (S. 235)

Sie rät ihm vorsichtig zur Erkenntnis, dass er seine Existenz als „Zuschauer" akzeptieren solle.

Satire, Sprache und Stil

Kästner will seinen Roman als Satire, Karikatur und Zerrspiegel verstanden wissen. Entsprechend sind die Personen oft überzeichnet und typisiert, um in der Übertreibung den zu kritisierenden Sachverhalt bloßzulegen. Insbesondere die Darstellung sexueller Aktivitäten ist oft grotesk, wie z. B. in der Traumsequenz, in der nackte alte Männer und Frauen auf geschminkte Burschen und junge Mädchen warten. Fabians Abscheu vor Personen, die aus seiner Sicht unmoralisch oder nicht der Norm entsprechend sind, drückt sich auch sprachlich aus. Von den lesbischen Künstlerinnen wird jeweils nur mit Nennung des Nachnamens gesprochen, z. B. „die Reiter", „die Kulp" (S. 87). Insgesamt werden die weiblichen Figuren – bis auf Cornelia – als Karikatur dargestellt.

Satire

Das Motiv des Wartens zeigt sich in vielen sprachlichen Variationen, z. B. in der Metapher vom ‚Wartesaal Europa' (S. 62) ebenso wie in den Vergleichen und Metaphern aus dem Bereich „Glas", die auf die Distanz Fabians zum aktiven Leben hinweisen.

Metaphorik des Wartens

Die Sprache ist oft einfach. Kurze Hauptsätze, Aufzählungen und überschaubare Hypotaxen sorgen für leichte Lesbarkeit, etwa die Beschreibung von „Haupts Sälen" (S. 52). Die klagende Grundhaltung Fabians kontrastiert mit einem zum Teil lapidaren, nüchternen Stil. Lakonisch stellt der Erzähler am Ende fest: „Fabian ertrank. Er konnte leider nicht schwimmen." (S. 236) Aber auch Fabian selbst registriert nüchtern wie ein Reporter die Umwelt, wie z. B. bei der Beschreibung eines Rummelplatzes deutlich wird (S. 166 ff.).

Lakonisches Ende

Bezug zur Neuen Sachlichkeit

Kästner selbst wehrt sich dagegen, der Richtung der Neuen Sachlichkeit zugeordnet zu werden. Aufgrund des Satirecharakters seines Romans sei dies nicht möglich. Im Vorwort weist er darauf hin, dass sein Roman kein Fotografiealbum und auch kein Spiegel der Epoche sei, sondern ein „Zerrspiegel". Kästner betont also dabei

Kästners Abwehr gegen eine Zuordnung zur „Neuen Sachlichkeit"

auch den kreativen Prozess der Umgestaltung zeitgenössischer Motive. Im geplanten Nachwort verteidigt er sich gegen den Vorwurf der Pornografie:

> „Durch Erfahrungen am eignen Leibe und durch sonstige Beobachtungen unterrichtet, sah er [der Autor] ein, daß die Erotik in seinem Buch beträchtlichen Raum beanspruchen mußte. Nicht, weil er das Leben fotografieren wollte, denn das wollte und tat er nicht. Aber ihm lag außerordentlich daran, die Proportionen des Lebens zu wahren, das er darstellte." (S. 239)

Trotz dieser Selbsteinschätzung wird Kästners Fabian-Roman oft als neusachliches Werk eingeordnet. Kriterien, die für diese Einordnung sprechen, sind die folgenden:
– Zeitroman – zeitgenössische Themen in genau benannten Orten bzw. in kurzer Zeitspanne.
– Neusachliche, kalkulierende Verhaltensweisen bei den Frauengestalten (außer Mutter).
– Gebrauchsliteratur – Verständlichkeit.
– Anlehnung an filmisches Erzählen.
– Integration von Thematik und Stilmittel weiterer Medien (Zeitung, Kino, Werbung).
– Viele autobiografische Bezüge (z. B. Kästner wie Fabian sind promovierte Germanisten; beide haben ein Herzleiden infolge des Ersten Weltkriegs).
– Unparteilichkeit des Protagonisten, Problematisierung der passiven Zuschauerhaltung, keine Handlungsaufforderungen für den Leser (die Aufforderung der Überschrift des letzten Kapitels „Lernt schwimmen!" ist auch ironisch zu verstehen).
– Viele nüchterne Beobachtungen, wenig psychologische Ergründungen, kein Entwicklungsroman.
– Es geht mehr um den Typus des Intellektuellen (Doppelung in Fabian und Labude) als um das Individuum.
– Fabian hat zwar studiert, entstammt aber dem Kleinbürgertum, vertritt dessen Werte und ist arbeitslos. Durch sein Gefühl der Ohnmacht zählt er sich selbst auch zu den „kleinen Leuten", die das Personal der Romane der Neuen Sachlichkeit bilden.

Rezeption des Romans

Die Kontroverse um die neusachliche Literatur spiegelt sich auch in der Rezeption dieses Romans wider. Konservativen Zeitgenossen gilt er als zu obszön. Die nationalsozialistische Zensur sieht ihn als „entartet" an. Von der linken, marxistisch orientierten Literaturkritik wird dem Roman vorgeworfen, dass er zu wenig die extreme politische Situation darstellt und keine echte Vision einer moralischeren Welt entwirft. Walter Benjamin hebt den Mangel an politischen Bewusstsein hervor, nennt Kästner einen „linken Melancholiker". Helmut Lethen (vgl. S. 23) stellt heraus, dass Fabian das falsche Bewusstsein deklassierter linker Intellektueller repräsentiere, deren Scheitern hier beklagt werde:

Linke Literaturkritik

> „Der Roman, in dem die ‚Massenbewegungen' dogmatisch der Kritik des Einzelgängers verfallen, beschreibt zugleich das Mißlingen der privaten Rettung. […] Die Klage drüber, die den Roman erfüllt, macht seine nicht mehr erträgliche Larmoyanz aus." (Lethen, 1975, S. 143)

Lethen betont die Doppelmoral Fabians und dessen Fixierung auf traditionelle Geschlechtsrollen. Die Regression Fabians (Rückzug zur Mutter, Sprung ins Wasser) diene dazu, „eine Disposition für die innere Emigration" (ebd., S. 151) zu schaffen und die „Entpolitisierung der Intellektuellen" (ebd., S. 155) voranzutreiben.. Auch spricht Lethen dem Roman den Charakter einer Satire ab, denn dieser Roman reproduziere nur „blindlings die Verunstaltungen der gesellschaftlichen Prozesse." (Ebd.)

Positive Wertschätzung des Romans zeigt sich in der Hervorhebung folgender Aspekte:
- Melancholie als angemessene Haltung in dieser Zeit
- Entgegensetzung bürgerlicher Werte in Krisenzeiten
- Zeigen der Analogie von Wirtschafts- und Wertekrise
- Formal gelungen durch Abkehr vom fotografischen Abbildrealismus

Kriterien positiver Beurteilung

Die von Lethen scharf kritisierte „Larmoyanz", das Sentimental-Weinerliche, das Selbstmitleid Fabians sowie dessen Emotionalität arbeitet auch Britta Jürgs heraus. Doch sie bewertet diese Ebene des Romans anders als z.B. Sabina Becker, für die gerade Entsentimentalisierung ein Zeichen der Neuen Sachlichkeit ist. Jürgs verweist darauf, dass

> „eine hinter der Nüchternheit und Sachlichkeit versteckte Romantik und Sentimentalität geradezu als Merkmal der neuen Sachlichkeit gelten kann." (Jürgs, 2000, S. 209)

Schlussbemerkung

„Neue Sachlichkeit", „Neue Frau" – vieles sollte neu sein in der kurzen Phase zwischen Monarchie und Nationalsozialismus. Diese Neuerungen haben ihre Wurzeln im 19. Jahrhundert und entfalten sich unter veränderten politischen und ökonomischen Vorzeichen nach dem Ende des Ersten Weltkriegs. Die literarische Richtung der Neuen Sachlichkeit passt in die erstmals gegründete deutsche republikanische Gesellschaft. Gerade durch ihren Gebrauchscharakter, durch ihre leichte Lesbarkeit, durch ihren Verzicht auf experimentelle Darstellung erreicht sie ein großes Publikum. So betont Becker den aufklärerischen Charakter dieser Literatur: „Es ist diese funktionale Ausrichtung der neusachlichen Literatur, ihr erzieherischer Impetus […], durch die sich die literarische Moderne der zwanziger und frühen dreißiger Jahre von den vorangegangenen Modernebewegungen abhebt." (Bd. 1, 2000, S. 362)
Kästners Selbstverständnis als Moralist, als Warner bestätigt z.B. diese Einschätzung. Auch in etlichen Gedichten thematisiert Kästner Kriegsgefahr („Kennst Du das Land, wo die Kanonen blühn?", 1928) und antidemokratisches Verhalten („Das Lied vom Kleinen Mann", 1931). Egon Erwin Kisch weist im Vorwort zu *Der rasende Re-*

porter (1925) auf die moralische Komponente der Sachlichkeit hin. In einer „Welt, die von der Lüge unermeßlich überschwemmt ist", sei gerade die Hingabe an ein Objekt der Weg zur Wahrhaftigkeit:

> „Nichts ist verblüffender als die einfache Wahrheit, nichts ist exotischer als unsere Umwelt, nichts ist phantasievoller als die Sachlichkeit."

Doch der zunehmenden politischen Polarisierung – schon 1930 stellt die NSDAP einen Kultusminister – kann die Kunst der Neuen Sachlichkeit wenig entgegensetzen. Von den hier vorgestellten Autoren und Autorinnen ist nur Irmgard Keun emigriert; Kästner, Fallada und Fleißer haben sich mit den Verhältnissen im Nationalsozialismus arrangiert. Die Ablehnung des Radikalismus z. B. bei Fallada und Kästner enthält – trotz kleinbürgerlicher Wertorientierung – einen utopischen Kern. Die Leiden des Ersten Weltkriegs haben Kästner geprägt, immer wieder warnt er vor erneuter inhumaner Gewaltherrschaft und Krieg. So lautet die letzte Strophe seines Gedichts „Verdun, viele Jahre später" (1932):

> „Auf den Schlachtfeldern von Verdun
> wachsen Leichen als Vermächtnis.
> Täglich sagt der Chor der Toten:
> ‚Habt ein besseres Gedächtnis!'"

Literaturhinweise

Neue Sachlichkeit – Geschichte und Kultur

Faulstich, Werner (Hrsg.): Die Kultur der 20er-Jahre. München: Fink, 2008.

Görtemaker, Manfred: Weimar in Berlin – Porträt einer Epoche. Berlin: be.bra verlag, 2002.

Hermand, Jost / Trommler, Frank: Die Kultur der Weimarer Republik. Frankfurt a. M.: Fischer Taschenbuchverlag, 1988.

Jahrbuch zur Kultur und Literatur der Weimarer Republik. Hrsg. von Sabina Becker. Bde. 1–12. München 1995–2009.

Jürgs, Britta (Hrsg.): Leider hab ich's Fliegen ganz verlernt – Portraits von Künstlerinnen und Schriftstellerinnen der Neuen Sachlichkeit. Berlin: Aviva, 2000.

Michalski, Sergiusz: Neue Sachlichkeit – Malerei, Graphik und Fotografie 1919–1933. Köln: Taschen, 1992.

Zur Literatur der Neuen Sachlichkeit

Becker, Sabina / Weiß, Christoph (Hrsg.): Neue Sachlichkeit im Roman – Neue Interpretationen zum Roman der Weimarer Republik. Stuttgart/Weimar: Metzler, 1995.

Becker, Sabina: Neue Sachlichkeit. 2 Bde. Köln/Weimar/Wien: Böhlau, 2000.

Buck, Theo [u.a.]: Von der Weimarer Republik bis 1945. Stuttgart/Leipzig: Klett, 2002. (Geschichte der deutschen Literatur Bd. 5.)

Delabar, Walter: Was tun? Romane am Ende der Weimarer Republik. Opladen/Wiesbaden: Westdeutscher Verlag, 1999.

Fähnders, Walter: Avantgarde und Moderne 1890–1933. Stuttgart: Metzler, 1998. S. 229–246.

Fähnders, Walter / Karrenbock, Helga (Hrsg.): Autorinnen der Weimarer Republik. Bielefeld: Aisthesis Verlag, 2003.

Lethen, Helmut: Neue Sachlichkeit 1924–1932. Studien zur Literatur des „Weißen Sozialismus". Stuttgart: Metzler, ²1975.

Neue Sachlichkeit – Literatur im „Dritten Reich" und im Exil. Hrsg. von Henri R. Paucker. Die deutsche Literatur in Text und Darstellung. Bd. 15. Stuttgart: Reclam, 2007.

Weyergraf, Bernhard (Hrsg): Literatur der Weimarer Republik 1918–1933. München: Hanser, 1995. (Hansers Sozialgeschichte der deutschen Literatur Bd. 8.)

Zu einzelnen Autorinnen und Autoren

Irmgard Keun

Häntzschel, Hiltrud: Irmgard Keun. Reinbek: Rowohlt, 2001.
Möckel, Margret: Irmgard Keun – *Das kunstseidene Mädchen*. Hollfeld: Bange Verlag, ²2006. (Königs Erläuterungen und Materialien Bd. 447.)

Hans Fallada

Frotscher, Hans Jürgen: Hans Fallada, *Kleiner Mann – was nun?* Interpretationen für Schule und Studium. München: Oldenbourg, 1983. [Vergriffen.]
Grisko, Michael: Erläuterungen und Dokumente: Hans Fallada, *Kleiner Mann – was nun?* Stuttgart: Reclam, 2002. [Darin: Herbert Ihering: „Zu einem Saisonerfolg. *Kleiner Mann, was nun?* in vielerlei Gestalt". 24.11.1932. S. 72 f.]
Manthey, Jürgen: Hans Fallada. Reinbek: Rowohlt, ¹²2002.

Marieluise Fleißer

Häntzschel, Hiltrud: Marieluise Fleißer – Eine Biografie. Frankfurt a. M.: Insel, 2007.
Marieluise-Fleißer-Gesellschaft (Hrsg.): Unterrichtsmaterialien zu Marieluise Fleißer. Ingolstadt 2005.
McGowan, Moray: Marieluise Fleißer. München: C. H. Beck, 1987.
Müller, Maria E. / Vedder, Ulrike (Hrsg.): Reflexive Naivität – Zum Werk Marieluise Fleißers. Berlin: Erich Schmidt, 2000.
Reichert, Carl-Ludwig: Marieluise Fleißer. München: Deutscher Taschenbuchverlag, 2001.

Erich Kästner

Hanuschek, Sven: Erich Kästner, Reinbek: Rowohlt, 2004.
Rauch, Marja: Erich Kästner, *Fabian. Die Geschichte eines Moralisten*, München: Oldenbourg, 2001.
Schikorsky, Isa: Erich Kästner. München: Deutscher Taschenbuchverlag, ⁴2003.

Prüfungsaufgaben und Lösungen

I „– und bin eine Bühne mindestens zehnmal jeden Vormittag" – Sehnsucht nach „Glanz"
    (Text: Irmgard Keun, *Das kunstseidene Mädchen*, S. 72–75)
    Textanalyse

II Erfolg einer Lebenslüge?
    (Text: Herbert Ihering, „Zu einem Saisonerfolg. *Kleiner Mann – was nun?* in vielerlei Gestalt")
    Sachtextanalyse und Stellungnahme

III Hermann Hesses Lob des Authentischen
    (zu Falladas *Kleiner Mann – was nun?*)
    Erörterung

IV Gewalt, Sprache und Geschlecht
    (Text: Marieluise Fleißer, „Der Apfel")
    Textanalyse

V *Fabian* – Warnung vor Selbstschüssen?
    (Texte: Kästner, „Warnung vor Selbstschüssen", Roman *Fabian. Die Geschichte eines Moralisten*)
    Vergleich eines Gedichts mit Aspekten des Romans

VI „Meine Maschinen waren Kanonen" – Fabians Begegnung mit dem Erfinder Kollrepp
    (Text: *Fabian*, S. 110–114)
    Textanalyse

VII „Die neue Frau" im Werk Kästners und Fleißers
    Textvergleich

VIII „Fassade aus Stein oder Stahl"? – Prosa der Neuen Sachlichkeit
    (Text: Alfred Döblin, „An Romanautoren und ihre Kritiker – Berliner Programm", Auszug)
    Sachtextanalyse

I „– und bin eine Bühne mindestens zehnmal jeden Vormittag" – Sehnsucht nach „Glanz"

Text: Irmgard Keun, *Das kunstseidene Mädchen*, S. 72–75

Kontext

Zweiter Teil des Romans: Doris' zahlreiche Männerbekanntschaften in Berlin, hier Begegnung mit dem reichen Industriellen Alexander. Doris' Illusion des sozialen Aufstiegs durch die kurzzeitige Möglichkeit, im Luxus zu leben. Doch bald darauf kehrt die Ehefrau von Alexander zurück, der inzwischen wegen unlauterer Finanzgeschäfte verhaftet worden ist. Doris muss nun aus der Wohnung verschwinden. Sie verarmt und vereinsamt zunehmend.

Aufgabe

1. Analysieren Sie den Ausschnitt aus Keuns Roman unter besonderer Berücksichtigung des Selbstverständnisses von Doris.
2. Analysieren Sie die sprachliche Gestaltung dieses Ausschnitts.
3. Prüfen Sie, inwiefern Themen und sprachliche Gestaltung dieses Ausschnitts Tendenzen der „Neuen Sachlichkeit" entsprechen.

Lösungsvorschläge

Zu 1

- Doris' Bewusstsein des Aufstiegs als Geliebte eines reichen verheirateten Mannes definiert sich über die Mode- und Konsumartikel, über die sie nun verfügen kann (z.B. Kimono, Bad, luxuriöse Wohnung am Kurfürstendamm, Mercedes mit Chauffeur, bestickte Unterhemden aus Paris, Schuhe aus Straußenleder, Geschenke für ihre Mutter und die Freundinnen Therese und Tilly). Der Kimono ist aus reiner Seide, kurzfristig ist zumindest scheinbar mehr als „Kunstseide" möglich (vgl. Titel). Der spontane Kauf einer Tasche aus Krokodilleder bringt sie an den Rand ihrer Möglichkeiten der Selbstinszenierung: „Ich überwältige mich".
- Doris ist nun stolz, glaubt, viel erreicht zu haben. Im Selbstgespräch schildert sie ihrer Mutter, was sie alles einkaufen konnte.
- Ansatzweise ahnt sie die Befristetheit ihres Lebens im Luxus: „ist es ein Traum?"
- In ihrem Größenwahn bzw. in gespielter Naivität bezeichnet sie die Putzfrau als ihre Zofe. Ähnlich wie die nun verfügbaren äußeren Requisiten des Wohlstands und des Glamours dienen scheinbare Bildungsfragmente der Selbstinszenierung von Doris als „Dame" („c'est ça olala"). Sie beobachtet

sich selbst, sieht sich aus distanzierter Warte: „bin so vornehm, ich könnte Sie zu mir sagen".
- Alexander ist alt, besitzt eine Firma, die um das Überleben kämpft. Daher ist er nervös. Doris gibt aus ihrer Perspektive die äußeren Anzeichen der Krise seines Unternehmens wieder, scheint aber wenig deren Kern zu erfassen („Er hat eine Firma, die kämpft, und so tröstliche Augen"). Doris schildert ihn mit den Metaphern „fröhliche rosa Kugel", „runder, kleiner Edamer". Mit diesen Bezeichnungen verniedlicht sie ihn und betont seine Funktion, sie zu ernähren und ihr zumindest kurzzeitig Geborgenheit und Beruhigung in ihrem ansonsten temporeichen Leben zu geben, so dass es ihr schon fast ein bisschen zu langweilig ist. Sie hat Heimweh, denkt an ihre Mutter und an ihre Freundin Therese.
- Die Beziehung zueinander lebt vom Tauschprinzip: Sex gegen Unterkunft und ein wenig Luxusgefühl. Aber darüber hinaus zeigen beide Partner auch Gefühle füreinander. Sie sorgt sich um seine Gesundheit, er möchte, dass sie ihn nicht nur des Geldes wegen liebt. Er nennt sie „Puppe", „Taube", „Maus". Doch er ist aus ihrer Sicht nicht der richtige Partner.
- Im letzten Teil dieses Auszugs zeigt sich Doris' Sehnsucht, ein „Glanz", ein Star zu sein. Grotesk-komisch wirkt nun ihre Selbstinszenierung mit der Schiebetür. Ihr Bewusstsein, jetzt „etwas ganz Großes zu tun", wird sprachlich zunächst in einem naiven Vergleich ausgedrückt („dann hebe ich meine Arme wie eine Bühne", bis sie mehrfach die Identität ihrer selbst und der Bühne formuliert: „und bin eine Bühne mindestens zehnmal jeden Vormittag."

Zu 2

- Eine Vielzahl sprachlicher Mittel unterstreicht die scheinbar naive Perspektive von Doris. So werden ihre Aufstiegs- und Glamourrequisiten in syndetischer Aufzählung mitgeteilt, so dass die bloße Aneinanderreihung von Einzelobjekten im Bewusstsein der Protagonistin deutlich wird (z. B. „ein kleines Pelzjackett und Hüte und feinste Zervelatwurst"). Kontrastiert mit dieser Aufzählung wird Doris' Selbsteinschätzung: „Gewaltig bin ich." Durch die Inversion wird das Adjektiv „gewaltig" betont. Dem Leser, der Leserin wird durch die so entstehende Ironie (hier: Kontrast von objektiver Lage und subjektivem Bewusstsein) deutlich, dass Doris sich nur im scheinbaren Glanze sonnt.
- Die Beziehung zwischen Alexander und Doris wird häufig in Versatzstücken aus Schlagern bzw. Kitschromanen formuliert. Aber diesen Mustern sind Kontraste beigefügt, die Doris' Realität aufzeigen. Als sie im Radio den Titel „Die Liebe ist eine Himmelsmacht" hört, hat sie gerade die weichen Teppiche der Luxuswohnung gepriesen.
- Auch etliche Metaphern illustrieren einerseits Doris' naive Wahrnehmung, andererseits haben sie die Funktion, soziale Aspekte zu charakterisieren

bzw. zu karikieren. Die Freunde von Alexander werden als „lauter Großindustrien" bezeichnet. Die Orientierungslosigkeit von Doris drückt sich mitunter auch in ihrer Sprachlosigkeit aus. So fehlt ihr der Begriff des Rauchverzehrers, wenn sie den Gegenstand beschreibt: „Es sind Tiere mit Augen, die leuchten, und die knipst man elektrisch an, dann fressen sie Rauch." Sprachlich unbeholfene bzw. grammatikalisch falsche Wendungen wie „Ich überwältige mich", unvollständige Sätze, Wiederholungen und ungewöhnliche Vergleiche dienen der Charakterisierung von Doris' Situation.

Zu 3
Entsprechungen zur „Neuen Sachlichkeit"
- Zeitroman: politische Bezüge zur Wirtschaftskrise
- Authentizitätsklausel – „Tagebuch"
- Aspekt der massenmedialen Bewusstseinsbildung, z. B. Schlagerzitate
- Thematisierung des Starkults
- Darstellung und Reflexion des neuen Frauenbildes, z. T. ironisch gebrochen
- Einbezug neuer Technologien wie Telefon, Lichtreklame, Kino
- Sprache: z. B. Wahrnehmung zusammenhangloser Einzelobjekte, Zitate aus Schlagern
- Fehlen einer politischen Tendenz; politische Ereignisse werden aus der Sicht von Doris dargestellt
- personale Perspektive

II Erfolg einer Lebenslüge?

Text: Herbert Ihering, „Zu einem Saisonerfolg. *Kleiner Mann, was nun?* in vielerlei Gestalt" (24. 11. 1932), zit. nach: Michael Grisko, *Hans Fallada: „Kleiner Mann – was nun?" Erläuterungen und Dokumente*, Stuttgart: Reclam, 2002, S. 72 f.

„[…]
Kleiner Mann, was nun? […] greift seinen Stoff aus der Gegenwart und gestaltet ihn. Er verleugnet nicht die Erziehung zur Sachlichkeit, die das niemals zu verleugnende Verdienst der großen Reportageliteratur bleiben wird, aber er führt darüber hinaus. Oder dahinter zurück? Auch *Kleiner Mann, was nun?* hat den Zuschuß des Dichterischen. Aber eben: hier ist es – Zuschuß und nicht Wesenselement […].
Vielleicht liegt jedoch gerade darin der große Publikumserfolg begründet. Hier ist das Dichterische: das Gefällige, das Angenehme, das Spannende, das Idyllische, das Sympathische. Das Schicksal des kleinen Angestellten Pinneberg, seiner Frau ‚Lämmchen' und seines kleinen Kindes, des ‚Murkel', läuft behaglich ab trotz aller Schwierigkeiten, trotz aller Nöte. Der Roman macht den Kummer angenehm und den Hunger liebenswürdig. Die Arbeitslosigkeit ist beinahe ein

Genuß und die Kälte eine romantische Träumerei. *Kleiner Mann, was nun?* ist der beste Ufa-Film des Jahres.

Im Ernst: dieser Optimismus macht den Riesenerfolg des Buches. Es wird verschlungen in den Bahnen und in den Büros. Kein Buch wird so verliehen, kein Buch wandert so von Hand zu Hand. Wie man früher einen Chaplin-Film in den größten Theatern und in den kleinsten Bumskinos sehen konnte, so wird *Kleiner Mann, was nun?* in allen Lebenslagen gelesen. [...] Fallada ist den Weg des Dichterischen zu weit gegangen. Dichtung ist hier wieder Verschönerung, Vergoldung. Die Kraft ist noch da, aber sie ist lyrisch aufgeschwemmt. Die Grenze zum Kitsch ist eingebogen. *Kleiner Mann, was nun?* ist der beste Unterhaltungsroman. Aber bedenklich, wenn man ihn als Typ aufstellen wollte, bedenklich als Vorbild, bedenklich als Beispiel.

[...] Fallada gibt der kleinbürgerlichen Enge einen leisen Karl-May-Schimmer, einen leichten phantastischen Dreh, einen kleinen sympathischen Schwindel – und die Wirkung ist märchenhaft. Niemals ist der Erfolg eines Buches erklärlicher gewesen als dieser. Niemals ist verständlicher gewesen, daß alle anderen Wirkungsgebiete, das Theater, der Film, der Rundfunk nach ihm als Stoff ihre Hand ausstrecken. Die Mischung hat es gemacht. Die Mixtur aus Lebensschwierigkeit und Lebenshoffnung. [...] Ein Erfolg der Lebenslüge."

Aufgabe

1. Analysieren Sie die Rezension von Herbert Ihering.
2. Nehmen Sie Stellung zu Iherings These, dass der Erfolg von Falladas Roman *Kleiner Mann – was nun?* ein „Erfolg der Lebenslüge" sei.

Lösungsvorschläge

Zu 1
Zentrale Thesen:
- Roman als Zeitroman, weicht aber von der Tendenz zur Sachlichkeit ab.
- Diese Abweichung fasst Ihering nicht als dichterische Vertiefung des Werks, sondern als poetische Zutat, die das Werk glatt und gefällig macht und seinen Erfolg begründet.
- Die durch Arbeitslosigkeit bedingten Nöte werden verharmlost und romantisch dargestellt.
- Kombination aus Lebensproblematik und Optimismus bewirkt den großen Erfolg des Unterhaltungsromans und dessen multimediale Vermarktung.
- Erfolg des Romans ist dem Erfolg großer Unterhaltungsfilme vergleichbar.
- Bewertung des Romans: Die zunächst positiv erscheinende Einordnung als „der beste Unterhaltungsroman" mit einem „kleinen sympathischen Schwindel" beinhaltet negative Aspekte: Nähe zum Kitsch; Haltung der Figuren nicht als Vorbild dienlich; unzulässige Beschönigung der Verhältnisse der Krise.

Formale Aspekte:
- Die Aufzählung „das Gefällige, das Angenehme [...]", die die Definition des „Dichterischen" für Fallada ausmache, betont in ihrer Mehrgliedrigkeit die Kritik Iherings.
- Ebenso verstärkt die den nächsten Satz abschließende Wiederholung und Aufzählung: „trotz aller Schwierigkeiten, trotz aller Nöte" die Kritik.
- Die mehrfache Antithetik lässt verstärkt das nach Ihering Paradoxe und Unsachgemäße in Falladas Roman erkennen (z. B. „Kälte eine romantische Träumerei").

Um den Erfolg des Romans anschaulich zu machen, verwendet Ihering verschiedene Stilmittel: Alliteration, um das sozial einzuordnende Verlangen nach Lesen dieses Buches zu markieren („in den Bahnen und in den Büros" – Welt der Angestellten); Anapher („Kein Buch [...]"), Personifikation („wandert").

Die Parallele zu erfolgreichen Unterhaltungsfilmen wird in der Metapher „der beste Ufa-Film des Jahres" ausgedrückt. Der Vergleich mit den überall gezeigten Chaplin-Filmen zeigt die Verbreitung des Romans quer durch alle Schichten und Regionen, unterstrichen durch die antithetischen Superlative und die verschiedenen Bezeichnungen für Kino („in den größten Theatern [...] den kleinsten Bumskinos").

Die zweifache Wiederholung von „bedenklich" und die Anapher „niemals" zeigen die Distanz Iherings zum Roman. Die abschließenden Ellipsen verstärken den Standpunkt des Rezensenten.

Zu 2

Mögliche weitere Gründe, die Iherings Kritik zustimmend unterstützen, sind z. B.:
- Hinweis auf „linke", marxistisch orientierte Kritik, die dem Roman Darstellung falschen Bewusstseins vorwirft
- Darstellung naiver Protagonisten
- Warnung vor Faschismus zu wenig deutlich
- Sympathie für die unpolitische Haltung des Kleinbürgertums
- Vergleich mit anderen Texten dieser Zeit, die deutlich mehr Kritik üben oder eine exaktere Bestandsaufnahme gesellschaftlicher Probleme aufweisen, z. B. bezüglich der Probleme weiblicher Existenz (Fleißer), bezüglich medial bedingter Bewusstseinsbildung (Fallada, Keun)

Als Iherings Kritik ablehnende Argumentationen lassen sich z. B. anführen:
- Legitimation von Unterhaltungsliteratur
- Problematisierung literarischer Wertung
- trotz Unterhaltungsfaktor durch den Roman Einblick in soziale Milieus, in Funktionsweisen des Kapitalismus und in Existenznöte in der Krise
- die unpolitische Haltung Pinnebergs als humane Absage an Radikalismus wertend

- Neben Passagen, die als – je nach Wertung – kitschig oder poetisch gelten, finden sich auch satirische Partien
- Darstellung von Überleben und Optimismus hilfreich gerade in Krisenzeiten
- Parteinahme für die „kleinen Leute"

III Hermann Hesses Lob des Authentischen

(zu Falladas *Kleiner Mann – was nun?*)

Text: Hermann Hesse: [Rezension 17.7.1932], zit. nach: Michael Grisko, Erläuterungen und Dokumente. Hans Fallada, *Kleiner Mann – was nun?*, Stuttgart: Reclam, 2002, S. 64.

> „[…] Die Wahrhaftigkeit in der Darstellung des Milieus und der Zeit, die Liebe zum Kleinen, Einzelnen, ohne Trübung des Blickes für das Ganze, die unendliche Fülle an schönen, genau und sauber gezeichneten, liebevoll beobachteten Einzelszenen macht das Buch zur Dichtung, nicht nur zum Zeitdokument."

Aufgabe

Erörtern Sie Hesses Beurteilung von Falladas Roman *Kleiner Mann – was nun?*.

Lösungsvorschläge

Erläuterung der Position von Hesse – positive Einschätzung des Werks Falladas aufgrund folgender Kriterien:
- authentische Darstellung von sozialen Aspekten
- Zeitbezug
- zahlreiche detaillierte Beschreibungen
- liebevolle Haltung gegenüber den beschriebenen Objekten und Szenen
- Verhältnis von Ganzem und einzelnen Teilen gewahrt, Proportionen des Romans in sich stimmig
- aufgrund dieser Aspekte Bewertung des Romans als „Dichtung", nicht nur als „Zeitdokument"

Mögliche Argumente, die für Hesses Einschätzung sprechen, z. B.:
- Aufführen vieler Beispiele detaillierter Beschreibungen aus dem Text, z. B. Haushaltsplan, Frisierkommode, Wohnungen der Pinnebergs
- Nennen verschiedener Aspekte des Zeitbezugs, z. B. Wirtschaftskrise, Ar-

beitslosigkeit, Differenz zwischen Arbeiter und Angestellten (Pinnebergs Schwiegervater, Pinneberg), Einblick in Arbeitsleben eines Angestellten, unterschiedliche Haltungen in der Krise (z. B. Pinneberg, Jachmann, Heilbutt)
- Belege für die Sympathie mit den „kleinen Leuten", z. B. Sympathielenkung für die Pinnebergs u. a. durch Verniedlichung ihrer Namen
- Belege für die Stimmigkeit des Romanaufbaus, Verhältnis von Ganzem und Teilen, Teilbeschreibungen wie z. B. von der Frisierkommode haben symbolische Funktion innerhalb des Romankontextes
- Hinweis auf den großen Erfolg des Romans als Beleg für Hesses Position
- Hesses Einschätzung, der Roman sei „Dichtung" und nicht nur „Zeitdokument", lässt sich rechtfertigen z. B. durch Hinweis auf die literarische Gestaltung der Themen durch Stilmittel wie Erzählerkommentar, Strukturierung durch Einteilung in Kapitel

Mögliche Argumente, die gegen Hesses Einschätzung sprechen:
- verkürzte Darstellung politischer Ereignisse, z. B. Aktivitäten des Nationalsozialisten Lauterbach
- aufgrund „liebevoller" Beschreibungen zu wenig kämpferische Parteinahme angesichts der sich bereits abzeichnenden Gefahren des Faschismus
- Verharmlosung der Folgen der Arbeitslosigkeit, Armut und Abstieg
- kleinbürgerliche Perspektive
- Das Motiv des Rückzugs in private, familiäre Idylle bewirkt gerade den großen Erfolg des Romans – Kompensation gesellschaftlich-ökonomisch bedingter Not durch privates Glück
- Hinweis auf marxistisch orientierte Literaturkritik
- Gegen die „Wahrhaftigkeit" der Darstellung spricht auch die stilistische Gestaltung des Romans, z. B. Hinweis auf Rezensionen, die Passagen des Romans in die Nähe von Kitsch ansiedeln

Eigene Stellungnahme:
Mit Hilfe der zuvor genannten Pro- und Contra-Argumente soll die Position Hesses begründet bejaht oder abgelehnt werden. Möglich ist auch eine abwägende eigene Stellungnahme, in die sowohl Pro- als auch Contra-Argumente einbezogen werden.

IV Gewalt, Sprache und Geschlecht

Text: Marieluise Fleißer, „Der Apfel", in: M. F., *Erzählungen*, Frankfurt a. M.: Suhrkamp, 2001, S. 22–27.

Aufgabe

1. Analysieren Sie die Erzählung „Der Apfel" von Marieluise Fleißer.
2. Vergleichen Sie die Motive dieser Erzählung mit den Motiven anderer Ihnen bekannter Erzählungen Fleißers.

Lösungsvorschläge

Zu 1
Zusammenfassung des Inhalts:
Eine junge Frau, schüchtern und lebensfremd, hat einen Freund, den sie sehr bewundert. Er kündigt ihr immer wieder an, sie eines Tages zu verlassen, um seine genialen Talente verwirklichen zu können. Die einsetzende Inflation bewirkt, dass sie verarmt. In ihrer Naivität versteht sie diese Veränderungen nicht. Ihr Freund kann sich in diesen Zeiten selbst helfen, aber er sieht nicht ihre Not und hilft ihr nicht. Wider Erwarten schenkt ihr eine alte Bekannte zwei Äpfel, einen davon isst sie auf, den anderen spart sie für ihren Freund auf. Lange Zeit bleibt der Mann aus, bis er sie eines Nachts besucht. Nach einer gemeinsamen Nacht reicht sie ihm stolz den Apfel zum Frühstück, denn sie besitzt nichts anderes mehr. Doch der Freund lehnt den Apfel als Zumutung für den leeren Magen ab und verlässt sie. Da möchte sie den Apfel einem Kind schenken, doch sie trifft nur einen boshaften Jungen, der verächtlich mit dem Geschenk umgeht und ihre Armut in der Öffentlichkeit bloßstellt, indem er auf ihre schlechten Schuhe weist. Weinend kommt sie zu der Einsicht, dass Feindschaft unter den Menschen herrscht und dass dies dazu führt, den Schwächeren zu treten, bevor dieser anfängt zu revoltieren.

Themen und Motive:
- schmerzhafte Entwicklung einer jungen Frau vom naiven, wehrlosen Mädchen, das alles für einen Mann gibt, zur erwachsenen Frau, die Feindschaft als Lebensprinzip erkannt hat
- Charakterisierung der Naivität des Mädchens: schüchtern, gedankenlos, bis auf oberflächliche Freundinnen sozial isoliert, die Kreativität ihres Freundes bewundernd, von ihm abhängig, sein Verbot bezüglich des Umgangs mit anderen Männern akzeptierend, ihr Unvermögen, in Krisenzeiten zu überleben, die Welt als Rätsel sehend, Sprachlosigkeit, passiv auf Freund wartend, verhungert fast lieber als den für den Freund reservierten Apfel selbst zu essen, tut alles bis zur Selbstaufgabe, um dem Freund zu gefallen, der einen „Glanz" in ihr Leben bringt; klärt dem Freund nicht über ihre Armut auf, ist stolz, aber nicht lebenstüchtig; freigiebig, will Apfel an ein Kind verschenken; lernt, dass Härte und Erwachsensein zusammengehören

Charakterisierung des Mannes:
- egozentrisch, sich als Künstler gebend, an keine Konventionen gebunden, Gleichgültigkeit gegenüber den Gefühlen der Frau, lebenstüchtig, in der Not nicht hilfsbereit

Bedeutung des Apfels:
Symbol der Liebe, des Teilens in Zeiten großer Not; der Apfel hat eine beziehungsstiftende Funktion; ihr zärtlichen Umgang mit dem Apfel spiegelt ihre Liebe zu dem Freund; der Glanz des Apfels entspricht dem Glanz, den sonst der Freund in ihr Leben gebracht hat. Der verächtliche Umgang des Jungen mit dem Apfel zeigt, dass keine Beziehungen mehr möglich sind.

Formale Aspekte:
- Märchenhafter Beginn, aber ein dem Märchen entgegengesetztes negatives Ende
- auktorialer Erzähler, aber auch erlebte Rede und innere Monologe (Gefühlswelt des Mädchens)
- Sprache: besonders die Selbstaufgabe und Hörigkeit des Mädchens werden bildhaft dargelegt. „Tat er es mit einem Gang wie ein Panther" – Vergleiche, Parallelismus
- Desorientierung, Ungebildetheit und Sprachlosigkeit des Mädchens; Vergleich ihrer Welt mit einem Wald, Vergleich ihrer selbst mit Taubstummen, biblische Anklänge: „siehe er ging weiter"
- Namenlosigkeit von Mann und Mädchen, Typisierung

Zu 2
- Motiv der wehrlosen jungen Frau in vielen Erzählungen, z. B. in „Die Stunde der Magd"
- Macht in Geschlechterbeziehungen, Gewalt und Egozentrik des Mannes, Typisierungen, z. B. in „Ein Pfund Orangen"
- Bildung, Sprache, z. B. in „Die Ziege", „Abenteuer aus dem Englischen Garten", „Die Stunde der Magd"
- Soziale Situation, Armut, z. B. in „Ein Pfund Orangen"
- Symbol der Lebensfülle (hier: Apfel), z. B. Orangen in „Ein Pfund Orangen"

V *Fabian* – Warnung vor Selbstschüssen?

Text: Erich Kästner, „Warnung vor Selbstschüssen"

> Diesen Rat will ich Dir geben:
> Wenn Du zur Pistole greifst
> und den Kopf hinhältst und kneifst
> kannst Du was von mir erleben.

Weißt wohl wieder mal geläufig,
was die Professoren lehren?
Daß die Guten selten wären
und die Schweinehunde häufig?

Ist die Walze wieder dran,
daß es Arme gibt und Reiche?
Mensch, ich böte Deiner Leiche
noch im Sarge Prügel an!

Laß doch Deine Neuigkeiten!
Laß doch diesen alten Mist!
Daß die Welt zum Schießen ist,
wird kein Konfirmand bestreiten.

Man ist da. Und man bleibt hier!
Möchtest wohl mit Püppchen spielen?
Hast Du wirklich Lust zum Zielen,
ziele bitte nicht nach Dir.

War Dein Plan nicht: irgendwie
alle Menschen gut zu machen?
Morgen wirst Du drüber lachen.
Aber, bessern kann man sie.

Ja, die Bösen und Beschränkten
sind die Meisten und die Stärkern.
Aber spiel nicht den Gekränkten.
Bleib am Leben, sie zu ärgern!

(aus: Erich Kästner, *Werke*, hrsg. von Franz Josef Görtz, Bd. 1: *Gedichte*, München: Hanser, 1998, S. 83 f.; Erstdruck in: *Die Weltbühne*, 19. 2. 1929)

Aufgabe

1. Analysieren Sie das Gedicht Kästners unter Einbezug des Literaturverständnisses der Neuen Sachlichkeit.
2. Vergleichen Sie die zentrale Aussage dieses Gedichts mit Aspekten des Romans *Fabian*.

Lösungsvorschläge

Zu 1

- Sieben Strophen, Trochäus, umarmender Reim; lyrisches Ich als „Ratgeber", direkte Ansprache eines „Du", Wortschatz des Alltags

- Scherzhaft-drohende Haltung des lyrischen Ich, Warnung vor dem Selbstmord, der mit „Kneifen" gleichgesetzt wird; Drohung mit umgangssprachlicher Redewendung „kannst Du was von mir erleben" (1. Str.)
- In Str. 2 und 3 werden die Denkschablonen (Metaphorik der Walze), das Schwarz-Weiß-Denken („daß es Arme gibt und Reiche") und die Autoritätshörigkeit („was die Professoren lehren") des möglichen Selbstmörders aufgeführt. Die Drohung am Ende wird salopp, umgangssprachlich und ironisch dargestellt.
- In der 4. Strophe wird an das Du appelliert, die allseits bekannten und berechtigten Klagen zu lassen. Die Anapher und der Parallelismus intensivieren die Aufforderung. Flucht aus den schlechten Verhältnissen mittels Selbstmord ist keine sinnvolle Möglichkeit.
- In den letzten beiden Strophen wird das Du daran erinnert, früher einmal den Plan gehabt zu haben, die Menschen zu bessern. Die „Bösen und Beschränkten" sind zwar in der Überzahl (Alliteration verdeutlicht deren Verbreitung), aber es lohnt sich am Leben zu bleiben, allein schon deswegen, diese zu „ärgern".
- Bezug zur Neuen Sachlichkeit: Probleme der Zeit wie z.B. Resignation angesichts der Krisen; einfache Sprache, (scheinbar) naive Antithetik, Gebrauchsliteratur

Zu 2

Parallel zur Haltung im Gedicht, dass der Selbstmord eine sinnlose Flucht bedeute, wird die Selbsttötung von Labude in der Konstruktion des Romans als absurd dargestellt – Labude erschießt sich aufgrund einer irrigen, nicht hinterfragten Annahme. Fabians Tod lässt sich als verkappter Selbstmord verstehen – der Nichtschwimmer springt in den Fluss, um einen Knaben, der jedoch schwimmen kann, zu retten. Die Aufforderung des Schlusskapitels „Lernt schwimmen!" ist sowohl in positiver Hinsicht (Techniken bzw. Lebenseinstellungen sind zu erlernen, mit deren Hilfe man überleben kann) als auch in negativer Hinsicht (ironische Aufforderung, im Strom mitzuschwimmen, sich anzupassen) zu verstehen. Selbstmord wird im Roman nicht als Heldentat dargestellt, sondern als unreflektierte Handlung aufgrund tiefer Frustration wegen wirtschaftlicher, politischer und privater Krisensituation. Sowohl im Gedicht als auch im Roman ist das Motiv, die Menschen bessern zu wollen, enthalten. Fabian träumt vom „Sieg der Anständigkeit", Labude plant eine studentische sozialistische Organisation. Labude scheitert, Fabian hilft Menschen in Alltagssituationen, verfolgt kein politisches Programm. Auch das Gedicht spricht nur vom „bessern", distanziert sich ausdrücklich von der Utopie, die Menschen „gut" zu machen.

Es lassen sich jedoch Unterschiede zur im Gedicht aufgeführten Haltung aufweisen: Die Aufforderung, die „Bösen" zu ärgern, Widerstand zu üben, ist im Gedicht explizit. Der Roman zeigt den Untergang von zwei Intellektuellen. Labude geht an seinen schwärmerischen Idealen zugrunde; Fabian ist zu passiv, zu melancholisch, um Widerstand zu üben. Er lehnt zwar nach kurzem Zögern die Stelle bei einer rechtsgerichteten Zeitung ab, aber er versucht z. B. nicht aktiv gegen die „Bösen" vorzugehen. Sein negatives Bild vom Menschen, der durch Machtwillen, Unvernunft und Egoismus gezeichnet sei, lässt den Appell des Gedichtes nicht zu; Fabian sieht sich als Wartender, der nur wenig darauf hofft, dass er einst Verhältnisse finden wird, in die er sich einbringen kann. Erlebnisse im Ersten Weltkrieg haben ihn in seiner negativen Grundhaltung mit geprägt, er nimmt bewusst die Bezeichnung „Kleinbürger" an, um sich nicht politisch entscheiden zu müssen. Er will „sauber" bleiben, d.h. Fabian handelt nicht, damit er moralisch rein bleibt. Dieses Dilemma – Schuldigwerden aufgrund von Handlung – wird im Gedicht nicht angesprochen.

Weder der Roman noch das Gedicht zeigen einen Weg, wie Menschlichkeit entstehen kann.

VI „Meine Maschinen waren Kanonen" – Fabians Begegnung mit dem Erfinder Kollrepp

Text: Erich Kästner, *Fabian. Die Geschichte eines Moralisten*, S. 110–114

Aufgabe

1. Analysieren Sie den Auszug aus Kästners Roman. Berücksichtigen Sie dabei insbesondere, wie Fabian und Kollrepp Technik bewerten.
2. Prüfen Sie, inwiefern sich Kästners Darstellung der Technik in anderen Texten der Neuen Sachlichkeit wiederfindet.

Lösungsvorschläge

Zu 1

Der Ausschnitt aus dem 11. Kapitel des Romans beinhaltet die Begegnung des gerade gekündigten und nun ziellos durch Berlin laufenden Fabian mit einem Erfinder auf dem Plateau des Kreuzberg. Er enthält mehrere Aspekte: Beschreibung des Aussehens des Erfinders, dessen Erfindungen, dessen Lebensführung und die Reaktionen Fabians. Erst im nächsten Kapitel werden Name und Titel genannt des Erfinders genannt: Professor Kollrepp.

Das Aussehen des Erfinders lässt ihn schon als Außenseiter einordnen. Seine altertümliche Pelerine (ein weiter Umhang), sein weißer Bart, sein verschossener Hut, sein nicht sorgfältig aufgerollter Schirm machen ihn zu einer Gestalt aus einer anderen Zeit. In den Sand des Parks skizziert er zunächst ein Zahnrad und Formeln. Alles wischt er wieder weg und beginnt ein Gespräch mit Fabian, in dem er einen Verbündeten erahnt. Der renommierte Erfinder bewertet die von ihm entwickelte Technik im Berech der Textilindustrie als Mittel zur effizienten Produktionssteigerung mit inhumanen Konsequenzen. Die Metapher „Meine Maschinen waren Kanonen" macht die tödlichen Folgen seiner Erfindungen deutlich. Das Verb „zertrümmern" unterstreicht die Vernichtung des Existenzanspruchs „von Hunderttausenden". Kollrepp erzählt, wie er Augenzeuge einer Niederschlagung eines Streiks in Manchester (englische Industriestadt, Manchester-Kapitalismus) wurde, bei dem ein Mädchen von Pferden niedergetrampelt wurde. Kollrepp fühlt sich schuldig an den sowohl individuellen als auch kollektiven Folgen seiner neuen Techniken. Er versucht dies durch Spenden an die durch ihn Verarmten wiedergutzumachen. Deswegen hat ihn seine Familie, vor der der Obdachlose gerade auf der Flucht ist, entmündigt. Seine neuen Skizzen für noch effizientere Textilmaschinen wird er nicht veröffentlichen. Stolz sagt er: „Millionenwerte stecken in meiner geflickten Tasche. Aber lieber will ich verhungern." Kollrepp kann die Folgen der Anwendung seiner Forschungen nicht mehr verantworten. Diese Kritik an Technik vollzog Kollrepp auch in seinem auf der Flucht inkognito erteilten Physikunterricht, einem „Aufklärungskurs gegen die Wunder der Technik."

Fabian reagiert wohlwollend bis indifferent – seiner passiven Grundhaltung entsprechend – auf die Äußerungen Kollrepps. Fabian kokettiert mit seinem Unverständnis der Technik, er lässt sich nicht auf das Thema „Verantwortung der Naturwissenschaften" ein und zieht die Frage Kollrepps ins Lächerliche: „Bis zum heutigen Tage halte ich den elektrischen Strom, wie mir der Name zu bestätigen scheint, für eine Flüssigkeit." Nachdem Kollrepp seine Geschichte erzählt und Fabian seine Einsamkeit vermittelt hat, kommentiert dies Fabian nur sehr kurz – aus emotionaler Betroffenheit bzw. aus Abwehr der Auseinandersetzung mit der konsequenten Haltung des Erfinders. Zunächst verdreht er die Redensart „Alter schützt vor Torheit nicht" in die ironische bzw. evtl. verdeckt auch bewundernde Formulierung „Alter schützt vor Klugheit nicht". Im nächsten Satz wertet er scheinbar Verantwortung und Schuldeingeständnis des Erfinders als „sentimental" ab, doch durch das einleitende „aber" wird Fabians Sympathie mit dieser Haltung deutlich. Diese zeigt sich auch in seiner Einladung, dass der alte Herr bei ihm übernachten könne.

In Fabians Albtraum (Kap. 14) spielt das Motiv der bedrohlichen, zerstörerischen Technik eine zentrale Rolle, Kollrepp wird hier von einer Maschine verschlungen. Redakteur Malmy sieht ebenso den Zusammenhang von effizienteren Produktionsmitteln und Arbeitslosigkeit (S. 36).

Zu 2

In Keuns *Gilgi – eine von uns* wird zunächst in einzelnen Textstellen Gilgi als mit ihrer Schreibmaschine verschmolzen dargestellt. Als Gilgi nach ihren Orientierungskrisen am Bahnsteig des Zuges nach Berlin steht, sieht sie eine Orange zwischen den Gleisen. Sie summt dann immer wieder eine Zeile, die die Angst ausdrückt, dass die Orange von der Lokomotive zerquetscht wird. Gilgis Furcht vor dem Unbekannten spiegelt sich in der Lokomotive. Technik im Sinne von Kino, Leuchtreklame und Luxusartikel wie Rauchverzehrer spielt in *Das kunstseidene Mädchen* eine die Thematik des schillernden Glanzes unterstützende Rolle.

Falladas Roman *Kleiner Mann – was nun?* ist in der Welt der Angestellten angesiedelt; Schreibmaschinen und Telefone sind hier Arbeitswerkzeuge, haben aber nicht einen solchen zerstörerischen Charakter wie in *Fabian* zugeschrieben. Rationalisierung von Arbeit am Beispiel der Organisation des Warenhauses wird zwar kritisch dargestellt, aber der Bezug zur Dialektik technischer Neuerungen wird nicht hergestellt.

Fleißers Figur der Mehlreisenden Frieda Geier fährt ein Auto. Damit verbinden sich hier das Motiv der „neuen Frau" mit dem der Technik.

Im Vergleich zu den anderen hier vorgestellten Texten wird in *Fabian* die Bedrohlichkeit von Technik und deren Rolle im zunehmenden Prozess der Desintegration (z. B. Telefone als Mittel der gestörten Kommunikation) besonders hervorgehoben.

VII „Die neue Frau" im Werk Kästners und Fleißers

Texte: Erich Kästner, *Fabian. Die Geschichte eines Moralisten*, Marieluise Fleißer, *Eine Zierde für den Verein*, „Abenteuer aus dem Englischen Garten"

Aufgabe

1. Legen Sie das Bild der neuen Frau in Kästners Roman dar.
2. Vergleichen Sie dieses Bild mit der Gestaltung der Frieda Geier in Fleißers Roman *Eine Zierde für den Verein* bzw. mit der Darstellung der jungen Frau aus der Erzählung „Abenteuer aus dem Englischen Garten".

Zu 1

Negative Charakterisierung der modernen Frauengestalten:
- Cornelia Battenberg: studiert, analytisch (reflektiert den Warencharakter der Liebe), pragmatisch, selbstständig, will Liebesbeziehung so gestalten, dass dem Partner Freiheit bleibt, verkauft ihren Körper gegen Geld und Karriere, sieht diesen Weg des Überlebens als notwendig, aber gleichzeitig auch als moralisch nicht einwandfrei an. Als Fabian ihr Foto als erfolgrei-

che Filmschauspielerin mit ihrem brutalen Produzenten sieht und den entsprechenden Text liest („Sie repräsentiere als ehemaliger Referendar einen neuen Modetyp, die intelligente deutsche Frau", S. 211), ist ihm, „als betrachte er ein Grab" (ebd.). Seine Hoffnung, in Cornelia einen reinen Gegenpol zu den ‚amoralischen' Damen seines Bekanntenkreises zu finden, hat sich nicht erfüllt.

- Karikierende Darstellung der weiteren ‚modernen' Frauengestalten: Hier dominiert Sexbesessenheit als wesentliche Eigenschaft, oft satirisch überhöht bzw. grotesk verzerrt, so bei Vermieterin Hohlfeld, Irene Molls Aktivitäten (z. B. Verkehrung traditioneller Geschlechtsrollen), das Treiben der Künstlerinnen im Umkreis von Ruth Reiter. Die Art, wie Kästner diese Frauen gestaltet, lässt sich weniger als ironisches Spielen mit kleinbürgerlichen Vorurteilen verstehen, sondern eher als ironisch-übersteigerter Ausdruck des Verfalls der gesellschaftlichen bzw. bürgerlichen Ordnung. Diese stereotyp dargestellten Frauen arrangieren sich mit den Verhältnissen, unterkühlen ihre Gefühle und überleben gerade dadurch. Sie sind aus der Sicht Fabians aggressiv und unmoralisch. Gegenpol ist die Mutter, die mit dem Vater einen Seifenladen führt. Die Mutter ist in allen Notsituationen für ihn da, bei ihr kann er sich emotional öffnen.

Zu 2

Frieda zeigt viele Merkmale des Typus der neuen Frau:
- sie ist selbstständig, übt einen Männerberuf aus
- Kleidung: Herrenmantel, Herrenschuhe, Lederjacke, kurz geschnittene Haare
- Gestik und Verhaltensweisen
- Absage an Romantik, lehnt den „Kuhhandel der Ehe" ab, erkennt den Warencharakter der Liebe
- bewegt sich, kommt nicht aus der Kleinstadt, träumt von einem freien Amerika, fährt Auto
- beendet die Beziehung zu Gustl, akzeptiert keine männliche Gewalt
- wird in der Kleinstadt als „Hexe" etc. diskriminiert
- In „Abenteuer im Englischen Garten" zeigt sich eine Verkehrung der traditionellen Geschlechtsrollen. Die junge Frau
- ist bindungsunwillig
- gibt sich nachts im Park aus Freude an der Sexualität wechselnden Männern aus der Arbeiterklasse hin
- dominiert insgesamt, ist gebildet, stammt aus einem reichen Elternhaus, übernimmt die erotische Initiative

Vergleich:
Die Frauenfiguren, die Kästner als „modern" darstellt, sind insgesamt als amoralisch und sexbesessen dargestellt. In ihrer oft grotesken Überzeich-

nung spiegelt sich in ihnen Fabians Wahrnehmung des zunehmenden Werteverfalls und der gesellschaftlichen Auflösung. Sie sind Bewohnerinnen eines bedrohlichen Berlin. Die Tatsache, dass nur die Mutter als nicht für Fabian erotisch besetzte Figur vertrauenswürdig erscheint, zeigt vermutlich auch eine Angst des männlichen Protagonisten vor der „neuen Frau".
Fleißer zeichnet ein Bild der neuen Frau, das sie als dem Manne intellektuell überlegen zeigt, die aktiv ist und sich männlicher Gewalt widersetzt. Frieda kennt die Großstadt und fällt in ihrem Herrenmantel in der Provinz auf. Sie ist singulär in ihrem Umfeld und vertritt den Geist der Moderne.

VIII „Fassade aus Stein oder Stahl"? – Prosa der Neuen Sachlichkeit

Text: Alfred Döblin, „An Romanautoren und ihre Kritiker – Berliner Programm" [1913], in: A. D., *Aufsätze zur Literatur*, Olten/Freiburg: Walter-Verlag, 1963, S. 16 f.

> „[...] Man muß erkennen, daß die Romanpsychologie, wie die meiste täglich geübte, reine abstrakte Phantasmagorie[1] ist. Die Analysen, Differenzierungsversuche haben mit dem Ablauf einer wirklichen Psyche nichts zu tun; man kommt damit an keine Wurzel. Das ‚Motiv' der Akteure ist im Roman so sehr ein Irrtum wie im Leben; es ist eine poetische Glosse. Psychologie ist ein dilettantisches Vermuten [...].
> Man lerne von der Psychiatrie[2], der einzigen Wissenschaft, die sich mit dem seelischen ganzen Menschen befaßt: sie hat das Naive der Psychologie längst erkannt, beschränkt sich auf die Notierung der Abläufe, Bewegungen, - mit einem Kopfschütteln, Achselzucken für das Weitere und das ‚Warum' und ‚Wie'. [...] Damit ist der Weg aus der psychologischen Prosa gewiesen [...] die eigentliche Romanprosa mit dem Prinzip: der Gegenstand des Romans ist die entseelte Realität. Der Leser in voller Unabhängigkeit einem gestalteten, gewordenen Ablauf gegenübergestellt; er mag urteilen, nicht der Autor. Die Fassade des Romans kann nicht anders sein als aus Stein oder Stahl, elektrisch blitzend oder finster; sie schweigt. [...]"

---

[1] Phantasmagorie: Trugbild, Wahngebilde
[2] Psychiatrie: Fachgebiet der Medizin, das sich der Diagnose und Therapie schwerwiegender psychischer Störungen widmet

Aufgabe

1. Stellen Sie Döblins Verständnis der ‚eigentlichen Romanprosa' dar.
2. Setzen Sie diesen Auszug aus Döblins „Berliner Programm" von 1913 in Beziehung zu Ihnen bekannten epischen Texten der Neuen Sachlichkeit.

Zu 1
- Döblin verneint, dass mittels psychologischer Erforschung die Seele des Menschen erfasst werden könne.
- Als vorbildlich gilt ihm die Psychiatrie, die nicht nach den Beweggründen des Verhaltens fragt, sondern nur äußerlich Beobachtbares festhält.
- Aus dieser Haltung resultieren Döblins Forderungen an den Roman: Er soll keine psychischen Beweggründe für die Handlungen seiner Figuren angeben, es soll ein Ablauf beobachtbarer Vorgänge geschildert werden, er soll keine Wertung des dargestellten Geschehens beinhalten, der Leser soll es selbst beurteilen, der Roman soll keinen diesbezüglichen Hinweis geben (schweigende Fassade „aus Stein oder Stahl").

Zu 2
Texte, die in ihrer Tendenz Döblins Forderungen entsprechen:
- keine psychologische Motivierung z. B. bezüglich der Handlungen der Jugendlichen in Fleißers Erzählung „Die Dreizehnjährigen"
- poetologisches Ideal Fleißers in „Der Heinrich Kleist der Novellen"
- Textpartien, die überwiegend beobachtbares Verhalten bzw. Objekte beschreiben bzw. keine oder wenig Innenschau etc. beinhalten, z. B. Fleißers Darstellung der „Stadt" in *Eine Zierde für den Verein*, S. 106 ff.
- keine bzw. wenig Wertung z. B. bezüglich der politischen Haltung von Labude und Fabian in Kästners Roman, Ambivalenz der Aufforderung in der Überschrift des Schlusskapitels („Lernt schwimmen!")

Texte, die in ihrer Tendenz weniger dem Ideal Döblins genügen:
- Kästner versteht *Fabian* als Karikatur, als Satire – damit wird Wirklichkeit nicht nur beobachtet, sondern vergröbert dargestellt (Roman soll im Sinne Kästners nicht Spiegel, sondern „Zerrspiegel" sein).
- In neusachlichen Texten ist oft eine personale Perspektive eingehalten, die Innenschau in die jeweiligen Personen erlaubt (z. B. Keuns Roman *Das kunstseidene Mädchen*, Fleißers Erzählung „Die Stunde der Magd").
- Auch auktoriale Erzähleinschübe erlauben Innenschau, ebenso die Mittel der erlebten Rede und des inneren Monologs, z. B. in Falladas *Kleiner Mann, was nun?*, in Keuns *Gilgi – eine von uns*, *Das kunstseidene Mädchen*.
- Etliche Elemente in Falladas *Kleiner Mann – was nun?* dienen der Emotionalisierung und für viele Leser der Parteinahme für „die kleinen Leute", dadurch Tendenz des Romans und kein Text „aus Stein oder Stahl".